JN098518

〈投資家を
つかむ〉

IR Investor Relations
Interview skills
and techniques

取材対応の
スキルとテクニック

ディア・マスターズ株式会社
代表取締役 **板倉正幸** ［著］
Itakura Masayuki

中央経済社

はしがき

　2016年12月の暮れも押しつまってきた某日夜，妻に勤めを辞めて会社を立ち上げたいことを初めて伝えました。突然のことで驚いたに違いありませんが「そうしたいならそうすれば」と逆にこちらが拍子抜けするほどあっさり賛成してくれました。翌朝，会社へ着くといちばんに上司へ退職の意志を伝えたことが昨日のことのように思い出されます。あれからはや７年が経とうとしています。IRとのつきあいは，携わるようになったのは第１章で述べていますが日東電工株式会社において2006年７月からですので，本書が出版される2023年12月では足かけ18年間になります。11年間を日東電工のIR担当として現場実務に携わり，ディア・マスターズ株式会社を起業してからの７年間をIRコンサルタントとして上場企業の経営者やIR担当とおつきあいしてきました。

　IRコンサルタントとして独立して２年ほどが経過した頃でしょうか。クライアント（特に中小型株に位置づけられる時価総額の）企業に共通する課題の輪郭が，最初は薄ぼんやりと，そして次第にはっきり見えてきました。その課題とは，クライアント企業は例外なく誇るべき「宝（＝強み）」を持っており，IRに対する熱い想いも抱いているのだけれど，その「宝」や想いが株式市場に十分伝わっていないことです。クライアントによっては「宝」の存在にさえ気づかないで「宝の持ち腐れ」になっていることでした。もちろんこの課題は，例えば中小型株をカバーするアナリスト数が足りていない等，業界要因によるところもあります。

　そこからです。私がクライアント企業へ提供できる（するべき）真のサポートとは何だろうとあらためて考えるようになったのは。言い換えれば，ディア・マスターズの「宝（＝強み）」を見つけることでもありました。そして，たどり着いたのは私自身が上場企業のIR現場で十余年の間，実務に携わっていたことです。起業当初は，総花的なコンサルティング内容であったところを

IR担当の現場実務に即した内容へ絞り込みました。具体的には，機関投資家とのインタビュー（以下，「取材」と記します）における質と量の向上プログラムなどです。ありがたいことに，それからは上場企業のみならず株式市場関係者やIR支援会社からもお声がけいただけるようになりました。

　本書では，企業の業界や業種を問わず，IR担当が現場で実践できる普遍的なIR戦術をできる限りわかりやすく説いています。コンサルタントとして従来，マル秘的に扱ってきた社内外コミュニケーションのノウハウやスキルとテクニックを惜しむことなく開示しました。構成は以下のようになっています。

第１章　日東電工は戦略的IRでどう変わったのか
第２章　詳細解説：取材対応のすべて
第３章　クライアントへのコンサルティング・コーチング事例

　企業業績こそが最強のIRとは，１つの真実に違いありませんがそれがすべてではありません。現場での実践によってこそ「強いIR」は必ずや実現できます。本書がその一助になれば著者としてそれに勝る喜びはありません。

　最後になりますが，私がこのような本を出版できるのも日東電工においてIRに携わる機会を与えられたからに他なりません。お仕えした３名の社長，上司，同僚，部下，そしてバイサイド・セルサイドをはじめとする業界関係者の方々に恵まれました。本当にありがとうございます。また，ディア・マスターズを起業後にコンサルティングを通じておつきあいくださったクライアント企業の皆さまへ厚くお礼申し上げます。さらに本書を出版する場を提供くだ

さった中央経済社実務書編集部の石井直人氏にはひとかたならぬお世話になり
ました。この場をお借りして心よりお礼申し上げます。

　2022年秋

板倉　正幸

目　次

第3章　クライアントへのコンサルティング・コーチング事例・107

## 第 1 章

日東電工は戦略的IRで どう変わったのか

....

```
【株価低迷期】最初の3年の試行錯誤
（2006年－2009年）
【株価回復期】なぜ，アジアでのIRを始めたのか
（2009年－2013年）
【株価上昇期】IRスキルとして何を残してきたのか
（2013年－2017年）
```

　ここでは，私のIR経験を振り返りながら語ろうと思います。第2章以降で，具体的な取材対応のノウハウをお伝えしますが，それらがどのような経験に基づき，いかなる過程を経て形作られたか，背景をご説明するのがこの章の目的です。事業会社でおよそ11年のIR実務を経験し，多くの投資家，アナリストとの取材対応をとおして，私はIRのおおよそのことを学びました。企業情報の何を，どのように，伝えるか。社内に何を，どのように，フィードバックするか。良いIR活動のためのヒントが，いろいろあるのではないかと思います。

第1　IR担当者にとって大事なのは自社への愛情

　私は28年間，日東電工株式会社に勤務していましたが，最後の11年間をIR担当として過ごしました。すなわち，2006年7月から2017年2月までIRを担当していた，ということになります。日東電工は1918年に創業された老舗企業で，絶縁材料からスタートし粘着テープで事業を拡大，現在は光学フィルムや核酸医薬品まで幅広く製造しています。日東電工をはじめB to Bの会社は，投資家に製品を理解していただくのがなかなか難しいのですが，その中では1990年代という比較的早い時期からしっかりIRに取り組んできた会社だと思います。

　私は長く営業を担当し，海外駐在も経験しましたが，45歳の時に自ら希望してIR部署に異動しました。海外営業の仕事柄，幅広く製品を扱ってきた経験を活かしつつ，ビジネスパーソンとして新たな専門性をもって仕事をしたいと考えたからです。

　日東電工は，ご存知の方もいらっしゃると思いますが，バランスシートが非常に強く，財務会計面で投資家から突っ込まれることは，まずない会社です。その点では，営業出身で，会計の専門家ではない私にはありがたい環境でした。

　ただ，11年間の経験をとおして強く感じることは，IRという仕事においては，会計財務知識よりも大事なことがある，ということです。日東電工は後に述べる理由から外国人投資家の株式保有比率が高い，という特徴もありましたので，外国人と通訳なしに話し合える語学力があるに越したことはありませんが，それも絶対ではありません。何より会社の事業について理解し，自社への愛情があるかないかがIRの担当者には大事である，ということです。

　なぜかと言いますと，投資家はプロですから，バランスシートを見れば会社の状況はわかります。数字やデータなど「サイエンス」の部分に基づいて投資判断を下すこともできるでしょう。ただ，実際に投資をするかどうか，最後の

判断では，経営にかける想いや情熱は申し上げるまでもなく，加えて相性など「アート」の部分が影響すると実感しています（「サイエンス」と「アート」については第2章で後述します）。仮にIR担当者が会社について表面的なことしか伝えることができなければ，同じような土俵に立っている会社との競争に勝ち残れないのではないでしょうか。

そこでは，いわゆる「人間力」のようなものも関わってくるかもしれませんが，何より会社を知り，その上で伝えるべき情報を伝える力が問われます。情報を伝える力とは，決して特殊な能力などではなく，スキルやノウハウとして身につけることができるものです。さらに，同じ情報を伝えるのに，会社への愛情をベースに熱意をもって伝えるのと，事実だけを伝えるのとでは，相手の受け止め方も違うだろう，と私は考えます。その意味で，製品の価値と魅力を伝えてきた私の営業経験は，IRでも活かすことができた，と思います。

本書では，それらのことについて詳しく説明していきますが，その前提として，私がどのような経験を経てスキルやノウハウを身につけていったか，また，私がIRを担当していた日東電工がどのような事業を背景に株価形成をしていたかをお伝えしたいと思います。

最初に結論というわけではありませんが，IRにとって私が大事だと思っているポイントを6つ挙げましょう。①信頼性，②平易性，③納得性，④継続性，⑤公平性，⑥臨場感の6つです。どれもIRだけに求められる要素ではなく，ビジネスパーソンとして身につけておくべき普遍的なものだと思います。6つの要素について，もう少し詳しくお話しましょう。

【図表1－1】IR担当に求められるもの

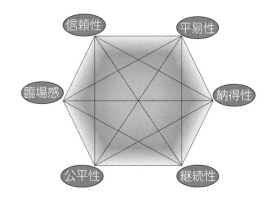

　①信頼性は，投資家に対して正しい情報を提供する姿勢を指します。決して
難しいことではなく，投資家が求める情報をきちんと伝えることが，そのまま
信頼を高めることにつながります。IRに限らず，ビジネスパーソンにとって
普遍的な態度と言えます。②平易性は，情報を噛み砕いてわかりやすく伝える
ことです。例えば，投資家は必ずしも個々の事業に関する専門的な技術に詳し
いわけではありません。難しい事柄でもわかりやすく，しかも正確に説明し，
正しく理解してもらう必要があります。そのことによって，③納得性も得られ
ることになります。
　そのような情報開示は，④継続的であることが求められます。画期的な新製
品のような会社にとって重要なトピックに限らず，起こってほしくない事故や
不祥事も含め，コンスタントに情報開示をする必要がある，ということです。
それによって投資家とのつながりを強めるということもありますが，投資判断
の材料を会社にとって都合のよいことだけに絞らないことです。⑤公平性は，
投資家を差別しないということです。もちろん，いろいろな意味での投資家の
持つ影響力の違いはありますが，ある情報をAという投資家には伝えるがBと
いう投資家には伝えない，ということはあってはならないことです。
　⑥臨場感についてはもう少し深い説明が必要かもしれません。これは，あた

かも現物を見たり，現場に居たりするかのようにリアルな情報を伝える，ということです。投資家やアナリストに自社の良いところを伝え，投資しようと思ってもらうために，この臨場感はとても大事です。日東電工のようなB to Bの会社の製品を見たことがある人はあまり多くはいないでしょう。そこで効くのが臨場感です。私の場合でしたら営業現場の実体験を生かして，そこに製品そのものがなくても具体的に特徴を説明し，「だから日東電工の製品はすごいんですよ」と言うことで，「なるほど」と腹落ちしてもらえるのです。もちろん百聞は一見にしかずの言葉どおり，現物やサンプルを手に取ってもらい特徴を理解していただくことも行っていました。

　このようなスキル，ノウハウは第2章以降で詳しく説明することにして，ここからは私が経験した日東電工でのIRへの取組みをお伝えすることにしましょう。

【図表1-2】日東電工株価と日経225比較

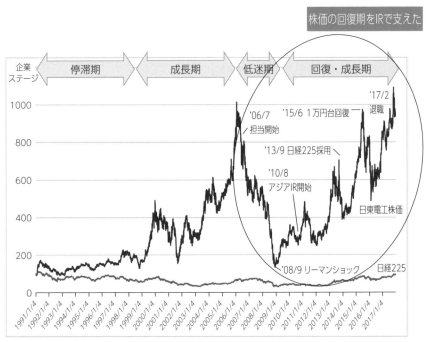

1991年1月4日株価を100として指数化

　【図表1-2】に示したのは，日東電工の株価の推移です。丸で囲んだ10年間が私がIRを担当した期間ですが，株価が下落する局面で営業から異動し，底を打ち，回復・上昇するプロセスを経験したことになります。

　以下，時系列で「株価低迷期」（2006年から2009年），「株価回復期」（2009年から2013年），「株価上昇期」（2013年から2017年）の3つの時期に分けて説明していきます。

第2 【株価低迷期】最初の３年の試行錯誤（2006年－2009年）

前にも述べましたが，私は自分で希望してIR部門に異動しました。異動を認めてくれたCFOにとっては，営業からIRに行きたいなんて物好きな奴もいるものだ，ということだったかもしれません。

2006年当時の日東電工のIRは，決算説明会での業績情報開示を軸にした活動で，それほど積極的だったわけではありませんでした。製造業全般を見てもおそらく同じようなことで，平均的なあり方だったのではないかと思います。

新人IR担当としてのスタートは，個人株主への電話対応から始まりました。というのは，当時は主力製品の競争激化によって株価が低迷しており，連日，クレームの電話が入るからです。株価の下落について，投資家（特に個人）の方々は容赦がありません。もちろん，自分の資産に関わりますから当然といえば当然ではありますが，「なんで自分ばかりこんな対応をしなければならないんだ」とうんざりした，というのが正直なところです。当時の記録を振り返ってみると，一番きついときは１カ月の間に74本の電話を受けています。これらのほぼすべてが，罵声を浴びせられる電話でした。

この頃のビジネスの状況は，グローバルな競争が激しくなった，という一語に尽きると思います。日東電工のドル箱製品は「偏光板」と呼ばれる光学フィルムでした。主な用途は液晶ディスプレイです。簡単に説明すると，偏光板は，光の透過を制御することで，液晶ディスプレイの表示を人の眼に見えるようにする不可欠な光学フィルムで，その性能が画面の美しさを左右する最重要な部品になります。1990年代にシャープを筆頭に液晶産業が一気に立ち上がり，それに合わせて日東電工も業績を伸ばしました。株価も右肩上がりで株価１万円まで上昇しましたが，国産メーカーの優位は長くは続きませんでした。2000年代になって，ここにサムスンやLGなどの韓国企業や，台湾の財閥系企業が続々と参入し，競争が激化しました。当然ながら製品価格も影響を受けて，成長に

陰りが出たわけです。株価も低迷することになりました。

1　リーマンショックがやってきた

　そんな状況に追い打ちをかけるようにリーマンショックがやってきました。2008年の秋です。今も鮮明に覚えていますが，海外でのIR活動として，社長に同行して欧米等の投資家を訪問し，業績や戦略等の説明をする，いわゆる「ノンディール・ロードショー」と呼ばれる慣行がありました。この年の9月に米国に出張したときに，投資家が話に身を乗り出してこない，あるいは直前に面談がキャンセルになる，という前例のないことが相次ぎ，不審に感じたことがありました。ちょうどその直後にリーマンブラザーズ破綻のニュースが出て，IRどころじゃないという状況になりました。

　このような大きな経済変動に際して，株価下落の局面ではIRとしては，もちろんどうすることもできません。その時は，状況の悪い時こそそれなりの理由というのをよくわかるように対応する，ということを心がけました。当時の社長が，その後の方針，戦略を明確に打ち出してくれていたために，大口投資家のほとんどが株式保有を続けてくれました。前に述べたように，日東電工は財務体質が強く，リーマンショックでもなんとか黒字経営を続けたことも効いています。

　当時の社長は「無・減・代（むげんだい）」という方針を打ち出しました。なくすことができるもの（「無」），減らすことができるもの（「減」），他に代えることができるもの（「代」），そのような視点で自分の仕事や周りの仕事を見直してくれ，という指示でした。当たり前といえば当たり前のことですが，リーマンショックで否応なくやらされることになり，みんなが自分の仕事を見直すきっかけになりました。

　それだけだと縮小均衡になりかねませんが，それに合わせるように，会社は次世代の成長戦略として「グリーン，クリーン，ファイン」という3つを打ち出しました。グリーンは環境，クリーンはエネルギー，ファインはメディカル，

ということです。そこに経営資源を投入して，新しい事業を見つけて成長していくという方針で，IRとしてもこのことを投資家やアナリストに訴求していくことになりました。

　とはいえ，当面の業績を支えるのは既存事業であり，なかでも偏光板です。これについては，アップルが発売したiPhoneの液晶パネルに採用され，2008年以降，急激に普及していったことが大きな収益をもたらしました。

　IRの立場からしても，厳しい環境の中で新しい弾が次々に出てきたと言えます。それらがどのように業績数値に結びついていくか，ということを当時の投資家などからの取材では，よく質問されていました。

　これらによって株価は底を打ち，上昇に転じることになりますが，株価がちょっと上がるとクレームの電話はピタッと止まるのが面白いところです。それでお礼の電話があるわけでもないのですが。

2　情報は誰に伝えるものなのか？

　この期間，営業から転じた新米IR担当として，私は上司に同席して取材対応を学び，ほどなく1人で対応できるようになりました。最初の数年で痛感したのが，業績・戦略や製品情報など，投資家やアナリストに評価してもらうことがIRの役割ですが，さまざまな企業情報を「伝えたかどうか」が大事なのではなく「正しく伝わったかどうか」が大事だということです。「伝えたつもり」になっていると，えらいことになる，と痛感しました。この点ではアナリストは取材してレポートを書きますから，正しく伝わったかどうかを確認できます。「ああ，自分の取材対応によって，こんな風に伝わってしまったか」と反省したことが何度かありました。アナリストレポートは極論すれば世界中に出回るので，非常に影響力があります。そのような経験から，「正しく伝わったかどうか」を意識するようになりました。

　では，「正しく伝える」ためには，どのようにすればよいのでしょうか。それは目の前の投資家やアナリストが最終的な「お客さん」ではなく，「その先

がある」ということを意識することです。どういうことかというと，例えば，機関投資家の背後には企業年金基金などの資金の出し手がいますから，機関投資家としてはその人たちに対する説明責任があります。ですから，「なぜ日東電工株を買ったんだ？」というロジックが，機関投資家を通じてきちんと伝わるように考えて伝える必要がある，ということです。そのように考えて取材対応をすると，私自らが資金の出し手に対して説明しているようなつもりでお話することになります。このように意識していると，「これは言わなくていいな」と考えて済ませていたり，伝えるべき情報から抜け落ちているものにも気づきやすくなったりしました。

　2009年春，IRグループは大阪の本社から東京に移りました。これは国内の投資家の大部分が東京にいるので，近くにいたほうがよい，という判断です。私自身も東京に転勤し，多くの投資家やアナリストの方々といっそう柔軟にFace to Faceで話せる環境になりました。海外の投資家も，来日する際は羽田・成田から入ってそこからスタートする方が多いので，これによって，取材の件数は大幅に増えました。

第3 【株価回復期】なぜ，アジアでのIR を始めたのか（2009年－2013年）

　2009年頃の株価は，綺麗な右肩上がりではありませんが，堅調に上がってい きました。私がここで意識していたのは，次の成長エンジンであるグリーン， クリーン，ファインについて，いかに投資家，アナリストに理解してもらうか ということでした。ただ，現実には取材で質問されることの7～8割は偏光板 のことです。これが最も会社の利益を左右しますから仕方がないことですし， 私もその時々の状況についてきちんと伝えることに気を配っていました。その ため，アナリストのレポートのネタとしてグリーン，クリーン，ファインは， なかなか発信されませんでした。

　この期間のIR活動のトピックは大きく2つありました。1つはアジアでの IRの強化です。

　日東電工が外国人投資家の比率が高い会社であることは前にも述べました。 この理由について，少し詳しく説明します。

　日東電工は戦後，経営が危機に陥った時に，日立グループに大株主として 入ってもらったことがあります。株式を20％ぐらい持ってもらっていました。 後に，今度は日立が経営悪化した時に，保有株を手放されることになりました。 2000年代の初頭のことです。そこで，日立が市場で売却した株の大部分を外国 人投資家が買いました。その中でもキャピタルグループは米国の資産運用会社 ですが，私が最も畏敬の念を持つ投資家集団です。というのは，本当に企業の ことを理解して，基本的には長期保有してくれるグループだからです。外国人 投資家というと，それにアレルギーを持つ向きもありますが，トップが話をす る中で経営へのヒントをもらえるなどといったメリットもあります。そこで日 東電工では，しっかりと関係性を保っていく，という方針をとりました。2000 年代以降，外国人投資家は，ずっと4割ぐらい保有しているはずです。キャ ピタルグループが株を保有しているということで，日東電工に対する他の投資

家からの信頼感を高めるという一面につながることもありました。

　このようなこともあって，それまでも少なくとも年に2回，定期的に欧米に行き，投資家への取材をしてきましたが，2009年あたりから「ジャパンパッシング」の状況が顕著になっていました。日本以外のアジア諸国の成長により，欧米など先進国の投資マネーが日本を素通りするのです。この背景には，例えば液晶に代表される電子デバイスにおいて韓国，台湾勢が急成長したことがありますが，他事例にも事欠きません。

　IRの立場から言うと，それまでは技術力や国内消費の強さなどをベースとして，日本企業全体のパフォーマンスは悪くありませんでした。そのような状況から，世界の有力ファンドでは，日本株を専門にウォッチする「日本株スペシャリスト」が存在していたのです。ですから外国人投資家に対するIR活動の基本は，そういう人たちに理解してもらうことでしたが，どうもこのままでは日本株がアジア株の1つに埋没してしまいそうだ，という危機感が生まれたのです。加えて欧米の有力投資家たちがアジアの拠点として香港，シンガポールに進出し始めました。

　このような状況に対応するために，日東電工でも（私が提案して）アジアでのIRを強化することになりました。欧米の投資家がアジアを重視するだけでなく，シンガポールも香港も，ソブリンウェルスファンド（Sovereign Wealth Fund）と呼ばれる政府系のファンドがどんどん力をつけていました。シンガポールではGIC（シンガポール政府投資公社／旧称Government of Singapore Investment Corporation Private Limited）が日本株に何兆円と投資していましたし，香港は中国の出先機関であるCIC（China Investment Corporation：中国投資有限責任公司）が力をつけてきて，そうしたファンドが，これから日本株への投資を強化するだろうと言われていました。このような背景があり，アジアでのIR活動については経営陣からゴーサインが出て，シンガポールや香港への出張が増えることになりました。

1　逆浸透膜のサンプルを持って海外出張へ

　臨場感が大事，ということは前に説明しましたが，この頃は現物やサンプルが準備できるときには，海外出張でも持参するようにしていました。日東電工が新たに掲げたグリーン，クリーン，ファインの中では，グリーン（環境）に属する逆浸透膜という製品を大いにアピールしました。これは，簡単に言うと海水を真水に変える膜ですが，言葉ではなかなか正確に伝わらないので，円筒状の製品をぶつ切りにしたサンプルを持って行きました。直径7〜8センチで長さが50〜60センチというものです。これをキャリーバッグに入れると空港のエックス線で武器のような怪しげなものに見え，説明を求められたことがありました。

　このように日東電工はB to Bの会社ですから製品の説明に苦労することが多かったのですが，例外的なB to C製品として「コロコロ」という広く知られている粘着クリーナーがあります。子会社のニトムズが製造販売しているものですが，スマホ用の小さなサイズの製品を作って，取材してくれた方にお配りして，喜んでもらう，ということもありました。

　IRのトピックとしては，2013年9月，初めて日経225に採用されました。定期的な銘柄の入替えによるものですが，投資家の皆さんにも喜んでいただけました。この間は，業績も株価も一気に駆け上がったわけではありませんが，社内では手応えを感じつつ事業を進めていた時期だったでしょう。

　社内IRにおける取組みとして，「月報」を作って流し始めたのもこの頃です。それまでも主要な活動や数値変化などをまとめた「週報」は出していましたが，それを1カ月分まとめて，取締役，事業部長に読んでもらうことにしたのです。週報は課長クラスまでに配信されていたと思います。この目的は，データやグラフなどをビジュアル化して，幹部の方々にIRへの関心を持ってもらうことでした。株価推移や出来高など，日東電工は村田製作所や日本電産，TDK，京セラ，ロームなど，日本経済新聞では電子部品系のカテゴリーに入っていた

ので，その中で相対比較してどのような位置づけになっているかをわかっても
らおうと考えたわけです。

　事業内容からいうと，日東電工は東証業界分類ではそうなっていますが，化
学業界にカテゴライズされるべき会社です。実際，長く3M（米国ミネソタ州
に本拠地を置く，世界的化学・電気素材メーカー。3MはMinnesota Mining
& Manufacturing Co.からの略称。2002年に社名を「3M Company」へ変更）
をベンチマークにしてきた，という経緯もあります。ですから，電子部品系と
されるのは，本当は違和感があるのですが，逆にどこにも属していないところ
が会社の本質であり，強みと言えなくもありません。そういう会社だからこそ，
投資家は，ちょっと目を離すとわからなくなる可能性もあります。だからIR
が大事，とも言えますし，「そこが日東電工の面白さだ」と理解してくれる投
資家をどれだけ増やせるかだと思っていました。

第4 【株価上昇期】IRスキルとして何を残してきたのか（2013年－2017年）

この時期は，日東電工にとってオープンイノベーションを意識した戦略や方向性を目指していった時期でした。2014年に社長が交代し，この新しい戦略を強く打ち出しました。大阪・茨木市に研究開発・人財育成拠点を設立したのは顧客とともにイノベーションを共創することが狙いです。

IRにおけるトピックは２つあります。まず，業績の月次公開をやめたことです。これは，2002年ぐらいから続いていたものですが，全社売上，偏光板の売上（実数ではなく対前月比，対前年同月比伸び率）を公開していました。これは投資家やアナリストから，とても評価されていました。というのは，偏光板の伸び率は，液晶そのものの売上トレンドを示すもので，業界の動向がわかる唯一の指標だったからです。月に１回，15時に株式市場が閉まると，直後にこの数値をウェブサイトへ開示するのですが，必ず投資家やアナリストから電話がかかってきました。「プラス５％というが，内訳というか，特徴はどこにあるのか？」「今月はマイナスが大きいけど，なんでこんなに凹んだのか？」などと質問されるのです。そういうことを続けているうちに，偏光板のことだったら日東電工に聞けば全部わかる，という話になり，逆に日東電工からすると，投資家やアナリストが持っている業界の情報を収集するきっかけになる，つまり，お互いにウィンウィンの関係だということで，10年以上続いていたのです。

それを，なぜやめたかというと，ある時点から数字はすごくよいのに株価はえらく下がったり，あるいはその逆があったり，という現象が出るようになったからです。かつては，業績数値と株価とは，相関性が高かったのです。素直に反応しなくなった，ということについて，投機的な動きがあるのではないかと指摘する人もいました。長期投資をしている投資家にすれば，これは困った現象で，反応せざるを得なくなります。そのことから，残念だがやめよう，と

マネジメントは判断しました。公開をやめてからも，数字は手元にありますから，「こっそり教えてよ」，などと散々言われたものです。

　IRのもう1つのトピックは，「ラージミーティング」と呼んでいた社長のプレゼンを，ダイアログ（対話）形式にしたことです。これは年に1回，春に行う会社主催の説明会ですが，社長が一方的に概要を説明するパターンが，マンネリ化して面白くない，と感じたことから，私が発案してスタイルを変えたのです。広報の女性に質問役になってもらい，それに対して社長が答えるという形式にしました。これはそれまでのやり方に比べてとてもわかりやすい，と喜んでもらえました。

　この頃になると，グリーン，クリーン，ファインについても，かなり注目いただけるようになってきました。特に，ファイン＝メディカルで新しい技術が出てきて，IRも積極的に進めました。一例を挙げると「分子標的DDS（Drug Delivery System）」という肝硬変の治療薬を患部に届ける技術で特許を取得して，臨床試験を進めました。本業からは遠い分野のように思われるかもしれませんが，実はこの技術は，日東電工の高分子技術を応用したものでした。会社の祖業である粘着テープは，実は高分子技術の塊です。だから得意技術からかけ離れたところでの土地勘のない「飛び地」などではなく，得意技術を生かし社外とのオープンイノベーションの取組みから生まれた走りだったと言えます。

　メディカルとなると，それまで見ていた電子部品のアナリストでは理解が及ばないので，彼らが会社の医薬のアナリストを連れてきて，「一緒に話を聞かせてほしい」ということでネットワークが広がりました。

　一方，この頃私は，遅かれ早かれ，独立して新しい道へチャレンジするべきだ，と考えるようになりました。10年間の経験を生かして，コンサルタントとして，いろいろな会社のIRを支援することを次のステップにしたいと思うようになったのです。そのことを踏まえて会社での取組みとして，データ化や数値化をできるだけやっておくべきだと考えるようになりました。

　というのは，IRは業務が属人化しやすいので，私がやめた後に，残った人

が困らないようにするためです。具体的にはどのようなデータ化があるかというと，投資家からの質問分析です。おそらく他社でもやっているところはあると思いますが，私は質問を分類しました。取材での質問について，これは液晶事業の質問，これは配当政策の質問，と分類していき，それらをグラフで示すというものです（具体的な方法や例は後述します）。それによって何がわかるかというと，質問の数をグラフにしますから，投資家の一番の関心がどこにあるかが一目瞭然になるのです。基本は液晶に関する質問が多いのですが，メディカルが注目されてくるとそれが跳ね上がる。そうすると，社内での説明で，「このようにメディカルへの質問が増えていますよね」と言葉でではなく，ビジュアルなデータによって理解してもらえます。増減の変化もわかるので，低ければ，「ここをもう少し開示したら増えると思いますよ」というように，社内でディスカッションしていくときの資料としても使えます。もちろん，日東電工の取材件数が多かったので，データとして表しやすかった，ということはあります。こうしたデータは，あるところから月報に入れるようにしました。

　最終的には，2017年の第3四半期の決算発表を終えて，私は早期退職することになりました。他部署から男女1人ずつ優秀な社員が異動してきて，しっかり引き継ぐことができ，いいタイミングだったと思います。

第2章

詳細解説：取材対応のすべて

・・・

　本章では，私が前職IR担当時に現場実務から身につけ，起業後にクライアント企業とのおつきあいを通じてブラッシュアップしてきた取材対応についてオープンにお話します。財務経理の難しい理論は一切ありません。現場で今すぐに活用してもらえるようなスキルであり，テクニック・ノウハウなどです。デジタル全盛の世に，何と古めかしいアナログ的な方法と思われるかもしれません。大型株企業の皆さんは，普段の活動と比較しながらおさらいのつもりで，中小型株企業の皆さんは，関心を持たれた箇所からでよいので，一度試してみてください。費用面においても効果をもたらすに違いないと思います。

第1　取材対応の成否はPDCAで決まる

　IRコンサルタントとしてクライアントとおつきあいするようになって丸6年が経過しました。この間，様々な業界・業種のIR担当にお会いして話をうかがってきました。ほぼすべてと言ってよいくらいIR担当の皆さんは，自社の売上・利益や時価総額の大小にかかわらず，取材対応の必要性や重要性を認識しています。取材依頼が入れば，基本的に（取材を）お断りすることなく，日程が合わなければ調整してでも対応します。取材前日までできる限りの準備を整え，当日にはバイサイド・セルサイドから発せられる，時に回答が難しかったり，時に腹が立ったりするような質問へもそれは丁寧に対応しています。

　しかしながら，私自身がIRコンサルという立場で多くのクライアント企業の取材対応の支援をするようになって驚いたのは，「丁寧な対応」の一言で片づけてしまうには，企業間でそのばらつき具合が大きいことです。また，IRへのやる気は満々なれど，取材件数がそもそも限られており，取材を増やすには一体どうすればよいのかという切実な状況に置かれている企業が何と数多くあることか，です。これは，特に時価総額の小さい，いわゆる中小型株の企業に共通する課題と認識しました。

　一方，時価総額の大きな大型株企業はどうかと言えば，こんな声がうずまいていることをダイレクトアンケートの結果から知ることになり，愕然としたものです。「（取材は）いつも受け身の対応ばかり，能動的に活動したいのに……どうすればよいか」「質問に答えているけれど，（その回答を）相手はどう思っているのだろうか」などです。

　本章では取材をPDCAの実務に分解して対応することで，企業の時価総額などにかかわらず「自らがイニシアティブをとって対応できており」「（バイサイド・セルサイドと）ギブアンドテイクの取材ができている」状態へ変容するための方法を説明するものです。特に大型株企業と比較して予算面で厳しい中小型株企業に対しては，できる限り費用を抑えながらも，取材対応の肝となる

データ入手ができる方法を紹介していきます。

　さて，PDCAは今さらですが「Plan」「Do」「Check」「Action」を意味します。PDCAの各サイクルの説明へ入っていく前に，あらためてIRにおける取材について基本事項を確認しておきます。基本事項を理解している方は「各プロセスの内容」まで読み飛ばしていただいて結構です。

1　IR活動の取材とは？

　IR活動における取材対応について確認する前に，そもそも「取材」とはどのような行為であるのかを確認しておきます。「取材」とは何か。広辞苑によれば，ある物事や事件から作品・記事などの材料を取ること，とあります。記者やライターが対象者・対象物から熱心に情報収集している姿が思い浮かびます。和英辞典では，interview，meeting，cover，news gatheringなどとあります。IR担当についたばかりの頃，なぜバイサイド・セルサイドと面談することを「取材」と呼ぶのか，少なからず違和感を持っていました。バイサイド・セルサイドからすれば，レポート作成のため情報という材料を取っていくわけなのでまさに「取材」です。そんなモヤモヤを持ち続けつつ，対応を続けるうちに「対話」でもないし，「インタビュー」でもないし，ましてや「対談」や「打ち合わせ」でもなく……結局，「取材」という言葉が消極的選択ながらも一番しっくりくることを認めざるをえませんでした。本書では，IR活動における取材を次のように定義します。

IR担当者やCEO・CFOが，バイサイドやセルサイドへ原則Face to Faceで業績結果・予想，製品・サービス，経営方針・戦略，企業文化・DNA等を説明することで会社の現状を理解させ将来の姿をイメージできるようにさせて，最終的に株式購入・買い増し，長期保有へ導くためのミーティング

2　取材の重要性

　IR活動に様々な業務がある中，その中の1つにすぎない取材をなぜ最重要と考えるのでしょうか。代表的なIR活動内容とその対象を示した図をご覧いただきながら説明します。【図表2－1】の中央に「取材対応」とあり，そこからたくさんの方向に矢印が出ています。これは，取材対応から得た知見や情報を他のIR対象向けの活動へ活用していることを意味します。なぜ，このようなことが可能かといえば，取材対応がバイサイドやセルサイドとの双方向のコミュニケーションであるからにほかなりません。

　他の活動を例にしてみるとよくわかります。例えばIRウェブサイトの更新です。これは，セルサイド，バイサイド（英文開示があれば外国人投資家も含みます），個人投資家へ向けての一方向のコミュニケーションです。株主通信（作成）は，主に個人投資家へ向けての一方向のコミュニケーションです。このように見ていくと双方向のコミュニケーションをとる活動は，海外IR（取材対応）くらいであり，それを除いた他の活動は，基本的には会社から対象への一方向のコミュニケーションといえるでしょう（株主総会では質疑応答の場が設けられてはいますが，コミュニケーション内容や深さから考えれば，形式的な双方向というべきでしょう）。

【図表2-1】IR活動における取材の位置づけ

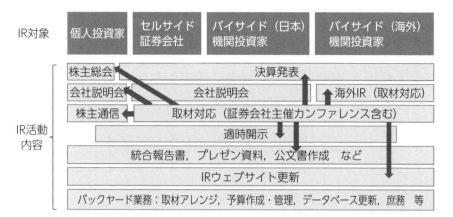

3　よい取材の効用

　では，バイサイド・セルサイドとの取材がうまく運ぶとIRにとってどんなよいことが起こるのでしょうか。私自身の経験に基づいて言えば，次のようなことが挙げられます。

---

(1)　会社へ関心を持ってくれる

(2)　会社への理解を深めてくれる

(3)　経営への助言やヒントを得られる

(4)　市場や競合情報を入手できる

(5)　株式購入や買い増しにつながる

　察しのよい方ならば，上述(1)から(5)の流れは，マーケティング活動の流れそのものであることにお気づきかと思います。取材がうまく運べばマーケティングファネル（じょうご）に沿って上から下へ向かい認知⇒興味・関心⇒比較・

検討⇒株式購入の順に気持ちよく流れ進んでいくものです（【図表2－2】参照）。

【図表2－2】マーケティングファネル

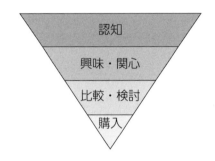

　つまり，取材とはマーケティングそのものです。とすれば，取材対応の基本中の基本として，今日対応する取材は（ファネルの）どのフェーズの取材かを常に意識したうえで，（その取材の）目標を設定することが大切になります。初の取材ならば，興味・関心をまず持ってもらうことがポイントです。複数回の取材を経ていれば，他社との比較・検討に入っているのかや，さらには購入対象企業のユニバース（投資候補銘柄）に選定されているだろうかなど，まさに購入のタイミング待ちの状況であるか等を意識して対応を図ることです。これらは，質問へ回答することで手いっぱいになったり，取材相手への遠慮や気おくれからつい聞きそびれてしまったりするものです（私もそうでした）。取材後，自ら意識して相手に確認をとるようにしたいものです。

　以前，日立製作所の故中西CEO（記憶が曖昧なので，川村元CEOだったかもしれません）がIRの重要性を語られる中，「メーカーであれば，通常自社製品に品質保証をつけて購入いただいている。一方で株式はどうか。機関投資家は何十億円，時に何百億円も買ってくれることがあるにもかかわらず保証書は一切ついていない」という発言をされたと記憶しています。私はこれを聞いた時，取材とは株式購入者に対する目には見えない会社の品質を裏打ちする行為

であり，目には見えない品質保証書を発行する行為に違いないと確信したこと
を覚えています。そして，IR担当者はそれを伝えるために，時に過去を語る
語り部や，時に未来を語る預言者にならなくてはならないと考えるようになり
ました。

4　取材の種類，機会，スピーカー

(1)　取材の種類

　取材の種類には，3種類あります（下記参照）。1オン1，スモールミー
ティング，ラージミーティングです。1オン1は，バイサイド1社，またはセ
ルサイド1社との間で行われる取材をいいます。スモールミーティングは，バ
イサイド2社以上，またはセルサイド2社以上，またはバイサイド・セルサイ
ド合わせ2社以上との間での取材を指します。ラージミーティングは，決算・
会社説明会や証券会社主催カンファレンスで何十人，何百人のバイサイド・セ
ルサイドに対してIRプレゼンテーションと質疑応答の場をもつことです。先
述の「取材の定義」に照らせばラージミーティングを取材の範疇で扱うことは，
難しいかもしれません。

---

　①　1オン1
　②　スモールミーティング
　③　ラージミーティング

　取材種類は，取材相手の希望を優先事項として，相手人数や相手への伝達
度・親密度等を考慮しながら選択します。【図表2－3】は，その関係性をグ
ラフ化したものです。1オン1は，情報の伝達度が最も高く，相手との親密度
も高くなるものの，相手人数はごく限られたものになります。ラージミーティ
ングは，その対極に位置します。相手人数は，1オン1の何十倍，何百倍まで

拡大させることが可能ですが，伝達度や親密度は低下するものです。スモールミーティングは，その中間に位置します。私もスモールミーティングは，参加者が2社から10社近くまで様々経験しています。一定水準の伝達度や親密度を維持できる相手数は，4社くらいまでではないかと思います。忘れてはいけないスモールミーティングのメリットとして，バイサイド・セルサイドが初見の取材に対して参加するハードルを下げるのに役立つことを挙げておきます。1オン1取材の準備には，バイサイド・セルサイドにとってもそれなりの覚悟と準備時間が必要になるのは間違いないからです。そのため，スモールミーティングは，質問者が分散される分，初見のバイサイド・セルサイドにとって参加する負担は小さくなります。

【図表2－3】取材種類と伝達度・親密度

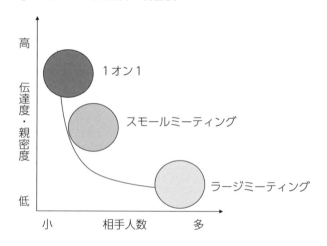

(2)　取材の機会

取材機会には，どのようなケースが考えられるでしょうか。その代表例ともいえる6種類を以下に挙げます。①決算発表後の取材はIRの王道とも言える対応です。何はともあれ，これを質と量の両面から充実させることが肝要です。これに次ぐ機会は，自社の工場や施設を活用する⑤工場・施設見学会後の取材

でしょう。⑥押しかけ取材ですが，積極的に推進できている企業は限られています。逆に狙いどころではあるでしょう。②③④は，証券会社や海外投資家のニーズによるところが大きく，機会を逸して悔しい思いをすることもあります。6種類の内容を簡単に記しておきます。

---

① 決算発表後

② 証券会社主催カンファレンス

③ 海外IR

④ 海外投資家の来日

⑤ 工場・施設見学会後

⑥ 押しかけ取材

---

① **決算発表後**

　決算発表後は，取材のゴールデンタイムです。四半期ごとにやってくる決算発表で開示した業績結果や予想についておなじみのバイサイド・セルサイドから新規のバイサイド・セルサイドまで幅広く対応するものです。取材対応の基本中の基本ケースです。

② **証券会社主催カンファレンス**

　証券会社主催カンファレンスは，効率的に国内外のバイサイドへアプローチできる絶好の場となります。A証券は○月開催，B証券は●月開催というように主催証券会社と開催月が紐づいている有名カンファレンスは，特に海外バイサイドが年間の活動スケジュールに組み入れていることが多く，貴重な取材の場となるので積極的に参加を検討したいものです。中小型株へ特化したカンファレンスや業界・業種を限定したカンファレンスも開催されているのであわせて参加を検討しましょう。主催証券会社が掲げる参加条件（オープンになっていない場合もある）によっては（参加を）見送られることもあります。

③　海外IR

　海外IRは，CEO／CFOの経営幹部やIR実務担当者らが欧米やアジアの機関投資家を出張訪問して取材を行うケースです。コロナ禍になってオンライン取材へ切り替わってしまった感が強いものの，アフターコロナ（あるいは，ウィズコロナ）による制限緩和や撤廃とともに，以前のような日本からの出張をベースとした対応に戻るかどうか注視が必要です。

④　海外投資家の来日

　海外投資家の来日時に取材依頼が入ることがあります。来日は不定期なことが多く，予定へ事前に組み入れることは困難ですが，依頼の声がかかった際には，極力柔軟に対応したいものです。

⑤　工場・施設見学会後

　自社の工場・施設見学会は，ラインや現場を見せるだけで終わらせないことを肝に銘じましょう。見学過程で生じた疑問点を解消するための時間を必ず設けることです。参加者の満足度がもう一段引き上がることは間違いありません。参加社数によって1社限定であれば1オン1，2社以上参加であればスモールミーティングを設定することです。

⑥　押しかけ取材

　押しかけ取材とは，IR担当自らがバイサイド・セルサイドへ取材依頼をして，取材アポイントを取りつけることにほかなりません。取材件数を増やすことを希望しているIR担当は多いですが，自ら依頼をしているIR担当者は，とても限られています。押しかけ取材を含む，取材アポ入れについては，後述 第2 1 の「取材PDCAのP（プラン）」で詳細を説明します。

(3)　取材スピーカー

　さらに，取材スピーカーは次の5種類が考えられます。取材相手の希望を考慮しながら，最適なスピーカーを擁して取材に臨みたいものです。

① IR担当者

② CEO／CFO

③ ESG・SDGs関係者

④ 事業関係者

⑤ 社外取締役

① IR担当者

　IR担当者は，通常取材のスピーカーとしてバイサイド・セルサイドとの関係性構築に努めることが求められます。取材には，少なくとも2名が出席し1名がスピーカー，1名が質疑応答のメモ役（多くは経験の浅いIR担当の役割）として対応することが望まれます。2名出席の場合でも，1名がしゃべりっぱなしというのでなく，場慣れや相手との関係性構築の面からメモ役へも回答の機会を与え，任せるとよいでしょう。そのためには，回答する質問やテーマを事前にすり合わせておくことが肝要です。

② CEO／CFO

　CEO／CFOがスピーカー対応する際，大切なことはCEO／CFOの安売りをしないこと，かといってお高くとまりすぎぬことです。微妙なさじ加減は，IR担当としての腕の見せどころです。相手依頼に対する応じ方には，2つが考えられます。1つは，相手が大株主や，株主になってもらいたいターゲット投資家の場合で，これは幹部のスケジュールを調整してでも対応したいものです。もう1つは，初見の相手からの依頼ですがターゲット投資家でもない限り，IR担当者が対応して，まず相手を見ることから始めるのがよいでしょう。

　相手依頼に応じるのでなく，会社側から打って出る取材の場合もあります。「打って出る」とは，CEO／CFOを取材対応へ活用してターゲット投資家への足がかりを構築することです。IR担当者では取材実現が難しくとも，経営トップとの取材ならば話を聴くという投資家は多いものです。

③　ESG・SDGs関係者

ESG投資という言葉は，定着した感があります。それに伴い機関投資家内のESG・SDGs担当，あるいはESG格付け会社との取材を依頼されることがあります。IR担当がESGについて十分に精通していれば，対応すればよいでしょう。そうでなければ社内のESG専任者へ支援を仰ぐことをおすすめします。大切なことは，事前質問を連絡するよう取材前に依頼をすることと社内でESG活動の訴求点をすり合わせておくことです。特に後者は，ESGにおける会社の強みや特長をアピールすることなので，準備をしっかり整えておくことです。さもなければ，聞かれた質問へ回答するだけの場になってしまいがちです。

④　事業関係者

事業関係者は，会社の特定事業，例えば稼ぎ頭の事業部を管掌する役員や幹部へ取材依頼が入った場合を意味します。③同様に臆することなく事前質問を依頼することが大事です。あわせて，回答を差し控えるべき質問について社内ですり合わせをしておくことも忘れないようにしましょう。くれぐれも管掌役員の口からポロッとマル秘内容がこぼれたりしないように注意する必要があります。これもCEO／CFO取材と同じようにIR担当の腕の見せどころです。

⑤　社外取締役

社外取締役は，コーポーレート・ガバナンスへの重要度が高まるにつれ，取材依頼が増加する傾向にあります。まずは，依頼が入った際の初動について社内で事前に決めておき，取材までのコーディネートは，IR担当が間に入って行うことから始めましょう。

コラム１
非対面取材の対応ポイント

　取材の機会，種類，スピーカーについて述べてきました。このコラムでは，非対面取材に関する対応ポイントを説明します。その前にまず取材方法（方式）についてですが，コロナ禍前は２種類に大別できました。１つはIR担当がバイサイド・セルサイドオフィスを訪問するか，逆にバイサイド・セルサイドがIR担当オフィスを訪問しての「対面取材」です。もう１つは「電話取材」です。電話取材の主な相手は，対面では取材できない海外在住の投資家です。テーブルの上にヒトデのような形をした真っ黒な機器（ポリコム社製音声会議システム）を置いて行ったものです。コロナ禍前，この２つの方法では主が対面取材，従が非対面取材（電話方式）と明確でした。

　コロナ禍の世になってこの２つの方式に加えて，ZOOMやTEAMS等を用いたオンラインでの取材が始まり，主従の関係が大きく変わりました。オンライン取材は，瞬く間に拡大・普及していきました。臨場感では対面取材に劣るものの，想像以上の画像・音声技術の発達のおかげで対面に劣らない環境で取材できることがわかりました。結果，主が非対面取材，従が対面取材になっています。日本では2023年５月にコロナは第５類に移行しましたが，それに伴い取材方法がかつての「対面取材」へ全面的に戻りますか，とIR担当やバイサイド・セルサイドへ問えば，そうはならないでしょうと答える方がほとんどです。

　前置きが長くなりましたが，以下に非対面取材時の対応で注意をしておきたい点を挙げます。

1　取材の冒頭で相手出席者の確認をする

　これは，特に電話会議を想定して申し上げています。相手側にはスピーカー以外に何名もの方が同席していることがあります。また，相手出席者の確認に続いて，進め方も確認してしまいましょう。具体的には，会社側プレゼンの必要性有無です。不要ですと言われれば，Q&Aスタイルで取材を開始しましょう。プレゼンに関しては，資料を事前送付しておくと安心です。

2　音声が聞きづらい（聞こえない）時はすぐに相手に伝える

　大きな声で話してもらったり・ゆっくりと話してもらったり，機器のボリュームを上げたり等，対応を促します。不完全な環境でやりとりを継続することは，間違いのもとになりますので，相手が発言している途中であってもその旨を伝えましょう。

3　質問に対する回答をまず伝える

　非対面取材時に限ったことではないかもしれませんが，まず結論ファーストで回答を伝えます。理由や背景から回答する方がいますが，まず結論，次いで「なぜかと言いますと／その背景には／具体的には〜」と続ければよいでしょう。外国人が一番嫌うのは，だらだらとした日本語での回答です。理解できない日本語を聞かせられるのは苦痛です。だから通訳が英訳するまでの時間を我慢できず，あなたの回答中にあくびをしたりするのです。また，結論ファーストに加えて，長文でなく短文で回答をすることも心がけましょう。これは取材相手だけでなく，通訳の方からも喜ばれると思います。

4　機器やツールの基本的な使い方を知っておく

　電話取材であれば，音声会議システム機器の使い方です。例えば，2の音声の聞きづらさなどは機器のボリューム調整ですぐに解決できることがあります。ツールとはZOOMやTEAMSなどのウェブ会議システムを指しますが，そこで使われるミュート機能，画面オン・オフ，資料共有等々について自ら扱えるようになってください。

　最後に，電話取材をZOOM/TEAMS取材よりも好むバイサイド・セルサイドが多いと聞きます。理由を聞くと，女性バイサイドの方は，在宅勤務でスッピンのままだからとか……。これに類するもので，某セルサイド男性から夏場は暑いので半裸に近い恰好しているからという声もありました。また，こんな理由を仰る強者もおられました。取材以外の他業務をこなしながら（いわゆる「内職」）対応しているのがバレてしまうから。閑話休題。

第2 各プロセスの内容

　前置きが長くなりましたが，いよいよここからPDCAの各プロセスの内容について説明を始めます。取材をPDCAに分解するとどうなるか。明確なルールがあるわけではありませんが，P＝取材アレンジ，D＝取材実践，C＝取材後対応，A＝ターゲティングを基本サイクルとします（【図表2－4】参照）。このサイクルはIR現場の実務内容と親和性が高く，これをぐるぐると回すことにより取材対応レベルの向上へつなげていきます。

【図表2－4】取材の基本サイクル

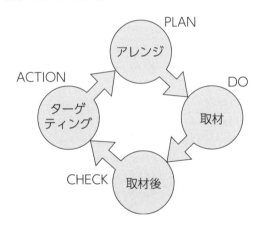

1　取材PDCAのP（Plan）／取材アレンジ

　Pは，Planですから文字どおりプラン，すなわち取材アレンジです。多くの企業では，取材依頼が入ったときにのみ日時を調整し対応しているのではないでしょうか。このPlanでは，そこから一歩突っ込んで，自社でバイサイド・セルサイドとの取材アレンジを行えるようになることを目指します。最初に，取

材アレンジを次のように定義します。

> IRがバイサイドやセルサイドに自ら働きかけて，目的を持った対話（エンゲージメント）をする機会を積極的に作り出すための一連の行為のことで，バイサイド・セルサイドリストに基づいた取材対象者の選定から始まり，アポ入れを経て取材直前の準備までをいう

　自らアレンジを行う必要性があるのと思われる方もいるでしょうから，そのメリットとデメリットを比較してみます。

【図表2－5】取材PDCAのP　（取材アレンジ）

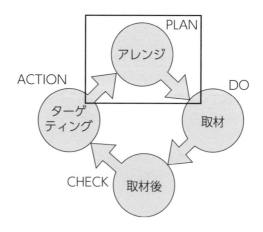

```
メリット：
(1)  株式市場における自社ニーズがわかる
(2)  バイサイド・セルサイドとの関係性構築につながる
(3)  バイサイド・セルサイドの雰囲気を把握できる
(4)  取材アレンジをしている証券会社から一目置かれる
(5)  費用削減につながる（有料取材アレンジサービスを利用している場合）
```

　(1)によって取材アポイントが入りづらい（入らない）という厳しい現実を知ることになるかもしれませんが，まずは初めの一歩を踏み出すことです。(2)は，取材アレンジを繰り返し行うことで，相手との関係性が自然に構築されていくということです。(3)は，時に電話先の声のトーンがいつもと違って暗かったり，あるいは電話口から聞こえてくる周りの音がいつもよりザワザワしてうるさかったりする等，平時との違いを感じとれるようになります。(4)は，自ら取材アレンジへトライしていることがつきあいのある証券会社の耳に入れば，「あの会社は自ら取材アレンジをしているらしいから，うち（証券会社）もうかうかしていられない」と見る目が違ってきます。IR支援会社へ料金を支払って取材アレンジを依頼しているのであれば，それを縮小したり・止めたりと経費削減にもつながります（(5)）。

```
デメリット（社外へ取材アレンジを依頼するのと比較して）：
(1)  手間がかかる
(2)  取材件数が減る可能性がある
```

　自らアレンジする場合の最大のデメリットは，(1)手間（時間）のかかることです。証券会社やIR支援会社へ取材希望相手とその候補日時を知らせて，あとは結果報告を待つだけとはいきません。また，(2)取材件数が減る可能性とは，

取材アレンジを行う証券会社とバイサイド間の関係性によって（そのバイサイドが）取材を受けていた場合，間に入っていた証券会社が抜けることで取材を受けなくなってしまうこともありうるということです。

　想定されるデメリットもありますが，それ以上にメリットのほうが多いことはおわかりいただけたでしょうか。それでは，取材アレンジの具体的な実務に入っていきます。取材アレンジ業務を分解したフローチャートに沿って説明しますので【図表2-6】をご覧ください。

【図表2-6】取材アレンジのフローチャート

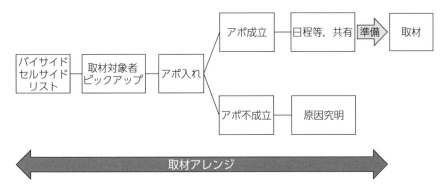

(1)　取材アレンジの確定まで

　取材アレンジ業務は【図表2-6】の左から右へ流れていきます。取材の準備までが取材アレンジです。フローチャートで表してみれば，何か特別なことを必要とするわけではない，と安心したのではないでしょうか。そうです，IR業務は取材アレンジに限らず，当たり前のことを当たり前に行うことにほかなりません。そして，その当たり前のレベルを引き上げていくことが他社との違いとなって際立ってくるのです。

　バイサイド・セルサイドリストから順番に見ていきます。このリストは，取材アレンジをする際の土台になるものです。バイサイド・セルサイドリストと聞くとどんなものを想像しますか。ここで想定しているリストは，実は3種類

あります。「そんなに何を必要とするのかわからない？！」とドン引きしないでください。3種類とはどんなものかを説明していきます。皆さんの現況に照らして効果の上がりそうなものを取り入れていただければと思います。

・取材リスト

・会社リスト

・個人リスト

　取材リストとは，過去から現在までのバイサイド・セルサイドとの取材記録を一覧できるリストです。私のクライアント企業のIR担当へ取材リストに相当するものを「見せてください」とお願いをすると，拝見するリストは，次のような内容になっていることが多いです。

【図表2−7】取材リストの一例（手を入れる前）

取材月	#	取材リスト
1月	1	ABCアセットマネジメント　○○様
	2	X証券　××様
	3	Y証券　▲▲様
	4	Zアセットマネジメント投信　□□様
2月	1	N新聞　○×様
	2	XYZ Capital Management Ltd.　Mr. ○▲
	3	DEF投資信託顧問　×□様

　ご覧になっての感想はいかがでしょうか。

・どこの（社名），誰（氏名）と，いつ（何月）取材したかという基本情報のみにとどまっている。

・バイサイドとセルサイドが入り混じる形で記載している。
・マスコミ（＝N新聞）への対応もカウントしている。
・バイサイドの役職がアナリストなのか，ファンドマネージャーなのか不明である。
・前年度には取材実績があったのか，なかったのかが確認できない。
・このリストからは取材相手の重要度はわからない。

　上記のとおり，いろいろとお気づきになる点があると思います。これらを考慮して取材リストへ手を入れると【図表2−8】のようになります。リストには，社名，取材相手名，タイトル，株式保有数，（自社にとっての）重要度，取材日等を記入します。例えばバイサイドリストであれば【図表2−8】のようなイメージになります。

　取材リストに求められるのは，過去からの取材の継続性が直感的に一覧できることです。【図表2−8】のリストでは，見た瞬間にそれを把握することができます。また，取材実績に加えて株式保有数や重要度を記入することでアポイントを入れる際の優先順位に迷うこともなくなるでしょう。

　次に会社リストです。バイサイドは株式を実際に購入する可能性があるわけなので，まさにお客さまです。セルサイドは，元々は前職場で営業担当であった私の感覚では，お客さま（バイサイド）が株式購入に至るまで一緒にタッグを組む「代理店」の感覚に近いです。しかしながら，実際のところセルサイドはお客さま（バイサイド）との距離感がとても近いので，むしろお客さまに近い「代理店」として捉えるのがよいでしょう。会社リストは，お客さま台帳の位置づけとお考えください。バイサイドであれば，必要な項目はざっと次のようになります。これを見れば，どんな投資家で窓口は誰かということがわかればよいでしょう。

　セルサイドであれば，運用資産額は不要です。窓口として担当アナリストの情報は必須です。

【図表2−8】取材リストの一例（手を入れた後）

#	運用会社名	氏名	タイトル	株式保有数 2023年3月末	重要度	FY2021決算発表日				FY2022決算発表日			
						Q1後 7月1日	Q2後 10月1日	Q3後 1月7日	本決算後 5月8日	Q1後 7月1日	Q2後 10月2日	Q3後 1月6日	本決算後 5月7日
1	ABCアセットマネジメント	○○○	FM	100,000	A	7月2日	10月3日	1月8日	5月10日	7月3日	10月4日	1月6日	5月10日
2	X投信投資顧問	×××	FM	50,000	B	7月3日	10月1日	NA	5月9日	NA	10月5日	1月8日	5月14日
3	Zアセットマネジメント投信	▲▲▲	ANL	25,000	B	NA	10月15日	NA	5月15日	NA	10月10日	NA	5月20日
4													
5													
6													
7													

・社名
・所在地
・運用資産額
・運用哲学や運用の特色
・担当ファンドマネージャー，担当アナリスト
・取材履歴　等

　会社リストは，一度作ってしまえば更新する頻度はさほど高くないはずです。更新が必要になるのは，例えば他社との統合で社名が変更された時，担当ファンドマネージャー（あるいは，担当アナリスト）が交代した時などです。また，そもそも会社リストはIR支援会社や金融情報ベンダーが提供する同種の情報で代用することも可能です（ただし，情報更新の頻度が追いついていなかったり，必要情報がカバーされていなかったりすることは生じます）。その場合は，不足する分を自社で準備すればよいでしょう。いずれにしても重要なことは，バイサイド・セルサイドをお客さまとして捉え，その基本情報が常にアップデートされている状態のリストを常備することです。

　最後に個人リストです。バイサイド・セルサイドのファンドマネージャーやアナリストの個人プロフィールと考えてください。運用ポリシー，関心の高い指標，性格，人柄，出身地，出身大学，趣味，最近はまっていること等々，取材をとおして確認できたこと・感じたことを記していきます。取材回数が多ければ多いほど内容は充実して，相手がどんな人物なのかわかりやすくなります。また，ファンドマネージャーやアナリストは転職も盛んです。加えて，外資系会社に勤務していればリストラで突然に担当からはずれてしまうことも起こります。これらはリスクと言えますが，逆の見方をすれば今まで関係性が構築できていなかった会社であっても，IR担当との関係性があるバイサイドやセルサイドがその会社へ転職をすれば一気に局面を変えられる可能性もあるということになります。個人リストは，今まで時間をかけて構築してきた関係性が一

瞬のうちに消えぬよう備える目的も兼ねているのです。

* * *

　以上，取材リスト，会社リスト，個人リストについて説明しました。準備を
整える際の優先順位をつけるとすれば，取材リストがダントツ1位です。まず
は取材記録が一覧できるリストを作成することから始めましょう。次いで会社
リスト，個人リストの順番がよいでしょう。会社リストを2番目に持ってきた
のは，ここへ取材PDCAのC（Check）で後述する取材録を貼り付けていくと
当該バイサイド・セルサイドの立派なデータベースが構築されることになるか
らです。

　次にリストから取材対象者をピックアップするプロセスへ移ります。ピック
アップする時，一番大切なことは，どんな背景における取材かを明確にするこ
とです。ここでいう背景とは，四半期ごとの決算発表後の取材，海外IRでの
取材等です。そこで，最も一般的で取材ケースとしても多いと思われる決算発
表後の取材を前提に説明をします。
　まず，バイサイドから見ていきます。取材対象者は，大きく2通りに分けら
れます。1つ目は，定期的に取材対応しているバイサイドです。「定期的」の
頻度が四半期ごとか，半年ごとか，1年に1回か等の違いがあります。関係性
については，強さは一様ではないものの，何がしかのつながりは構築できてお
り，それを維持・継続したいと思われる相手です。優先順位は，過去からの取
材履歴，株式保有数や重要度等から判断をすればよいでしょう。2つ目は，相
手に現状の株式保有はないが，将来的に保有してもらいたいと考える相手で，
まさにターゲット投資家になります。こちらは関係性ができておらず，そもそ
も取材のきっかけをいかにつかむかがポイントとなるはずです。詳しくは2(2)
「取材件数を増やすためのスキルとテクニック」で後述しますのでご参照くだ
さい。
　次にセルサイドは，自社をカバーしている相手が対象です。カバレッジアナ

リストがついていない場合ですが，やはりターゲットとなるアナリストに対して先ほどと同様に後述する取材件数の増やし方を参照にして，まずはきっかけとなる取材成立を目指します。

　この時，取材対象者のことばかりでなく自社のことへも気を配ってください。スピーカーはIR担当が行うのか，CEO・CFOが行うのか。また，自らが相手オフィスを訪問しての対面取材なのか，あるいは先方から訪問していただき対面取材をするのかといったことも想定しておくことです。コロナ禍になってオンライン取材が定着していますが，取材の基本は対面取材であることに変わりはありません。

　取材対象者をピックアップした後は，いよいよアポ入れです。バイサイド・セルサイドから人気・注目度の高い企業では，極論すれば黙っていても取材依頼が絶えることはないでしょう。しかしそれは，一部の企業の話。自社からひるむことなく積極的にアポ入れを行います。アポ入れに動き出すタイミングは，決算発表の取材であれば（決算発表の）4週間くらい前（遅くとも3週間前）がよいでしょう。アポ入れで他社に出遅れてしまうと相手の予定が埋まってしまい，後手を踏むことになるので注意してください。アポ入れは，どこからすべきかですが，バイサイドとセルサイドでは，一般的には，セルサイドから入れます。セルサイドには，取材後にカバレッジレポートを執筆する最重要業務があるからです。IR担当は，セルサイドと取材対応を速やかに行い，レポートを執筆しやすい環境へ協力すべきです。バイサイドは自社にとって重要度の高いところから入れます。アポ入れ方法は，電話か電子メールで行います。電話は相手との関係性がある程度構築できていれば，両者にとって手軽でよいのですが，そうでなければ相手都合で確認でき，記録にも残るメールがよいでしょう。電話にしても，メールにしてもアポ入れのスクリプト（原稿）を作成しておくと便利です。

　アポ入れ後はその成立，不成立によって対応が変わります。めでたく成立すれば，社内関係者と日時，場所等の共有を行います。バイサイドの場合，アポ入れをした相手に加えて多数の方が同席することがあります。しつこくない程

度に出席予定者を確認するとよいでしょう。さて，アポが不成立だった場合，どうしていますか。メールで相手から返信がなければ，そのまま放置して「不成立」と判断しているのならもったいない話です。というのは，不成立だった原因を究明することが次回の取材アレンジにつながるからです。不成立の主だった原因として考えられるのは，

---

① 日程の調整がつかなかった

② 相手の希望するスピーカー（例：CEO・CFO）でアレンジできなかった

③ そもそも（当該企業への）関心が低い

のどれかであることがほとんどです。①や②であることが確認できれば次回の取材アレンジへつながります。③は厳しい現実を知ることになりますが，次回の取材アレンジから除くことで無駄な時間を省くことができます。

　ここまでの取材アレンジのまとめです。

・自社による取材アレンジは，メリットのほうがデメリットよりも多い。

・取材アレンジ業務をフローチャートに照らし，ボトルネックを発見して対策を打つ。

・業務の土台となるバイサイド・セルサイドのデータやリストは作成や更新ルールを文書化して共有する（前職で実務を担当していた頃，取材相手は同一であるのに，社名がアルファベットとカタカナの2通りで入力されているのを見つけたことがあります）。

・アポイント不成立の時にこそ，次回への取材アレンジへの活動ヒントがある。

---

(2) 取材アレンジ確定後の準備

　取材までの期間に準備すべきことを5W1Hに照らして説明したものが【図

表2－9】です。When，Where，Whoは通常，アポイントが確定した際に決定しています。相手に取材をリマインドする際に出席者を確認することが大切です。スピーカーがCEOやCFOであれば，社内での事前のすり合わせは必須です。What，Why，Howは取材相手の情報収集と取材シナリオ・ツールを準備することですが，内容は以下のとおりです。

【図表2－9】取材アレンジ確定後の準備

5W1H	前段までの状況	準備すべきものごと
When（いつ）	アポ確定時に決定済	＊リマインド時に相手出席者を確認
Where（どこで）		＊トップIRの場合，トップとすり合わせ必要
Who（誰が）		
What（何を）	取材前に必要なものを用意し態勢を整える	＊バイ・セルサイドの情報収集
Why（なぜ）		＊取材シナリオとツール
How（どのように）		

　取材相手の情報収集から見ていきます。バイサイドとセルサイドで大きな違いがあるわけではないですが，別々に記します。

　バイサイド情報は，相手ウェブサイト，証券会社，さらにはIR情報提供ベンダーと契約があれば，そのデータベース等から収集します。具体的に収集する情報は，初見の相手であれば①運用方針や投資スタイル，②運用資産額（外国人投資家であれば，日本株への投資額），③自社や競合への投資状況，④取材相手のタイトル，⑤運用ファンド（相手がファンドマネージャーの場合）等になります。

　セルサイド情報についても収集方法は，基本的にバイサイドと同じです。収集する情報内容は若干異なり，①アナリストランキング順位，②アナリストの他社カバレッジ状況やカバレッジレポート内容，③所属証券会社の業績動向（異動やリストラへの備えとして）等になります。また，所属証券会社とIR以外の部門でつきあいがあることがわかっていれば，事前に生情報を確認するこ

とができるでしょう。

(3) 取材シナリオとツールの準備

　取材シナリオといってもドラマのシナリオのように一言一句を設定するものではありません。もっとシンプルで，1つは取材相手が質問してくる内容を想定しての準備，もう1つは企業側から伝えたいことの準備です。優先順位の高い前者のほうから準備を行います。CEOやCFOがスピーカーの場合は，取材相手へ事前に質問を連絡するよう依頼するのも1つの手です。企業側から伝えたいことが，相手からの質問に包含されていればそれに越したことはありませんが，そうでない場合は，取材の最後に伝えるようにします。あれもこれもと欲張らないで1点に絞っておくことをおすすめします。

　ツールは，手元資料と配布資料の2つに分かれます。手元資料は，上述の相手が質問してくる（であろう）ことへの準備（＝想定Q&A），前回取材録，保有状況，アナリストレポート等です。配布資料は，決算短信や決算説明資料等になります。経験からすれば，決算短信よりも視覚的にも理解のしやすい決算説明資料のほうが役に立ちます。対面取材であれば，名刺は言うまでもありませんが，お土産（特に自社製品で提供できるものがある場合）やノベルティがあれば手渡したいものです。後日それを見て，あなたや会社のことを思い出してくれるはずです。スモールミーティングの場合，相手と自社出席者の机上ネームプレートを忘れずに準備してください。

　取材アレンジ確定後の準備についてまとめます。

・よい取材になるかどうかは，取材準備で半分が決まると心得る。
・取材シナリオは，そのとおりの展開になるとは必ずしも言えないが，出たとこ勝負よりはるかに高い勝率をもたらす。
・ツールは，シナリオの不足点を補って説明してくれることがある。

2　取材PDCAのD（Do）／取材実践

【図表2−10】取材PDCAのD（取材実践）

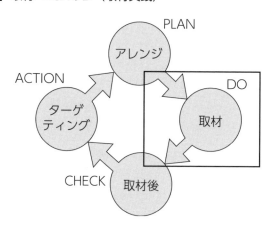

　取材を実践していくうえでIR担当者に必要と思われる7つの心構えを最初にお伝えします。前述しましたが，当たり前のことを当たり前に，そして当たり前のレベルを上げていくことがここでも大切です。

---

(1)　**会社を代表しているという気概**

　　IRに限るものではありませんが，求められるのは誠実な対応です。

(2)　**等身大をわかりやすく伝える**

　　専門用語や業界用語はできるだけ使わずに，わかりやすい平易な言葉を使いましょう。

(3)　**会社の現在，過去，未来を縦横無尽に行き来する**

　　ストーリーのある戦略や戦術を心がけてください。相手の腹落ちがよくなります。

(4)　嘘つき，悪口，陰口はダメ

　　バイサイド・セルサイドから愛されるほら吹きになりましょう。嘘つきとは真
実でないことをいう人。ほら吹きとは大げさな話で（硬くなりがちな）取材の場
を和ませたり，盛り上げたりする人。

(5)　親しき仲にも礼儀あり

　　ぞんざいな言葉遣い，アポイント時間に遅れる，だらしない服装等はご法度で
す。

(6)　余裕を見せる

　　業績の厳しい時，不祥事で苦しい時こそIRが踏ん張るところです。

(7)　「この取材」の目的は何か

　　その機会は二度と繰り返されることのない一期一会の世界です。

　心構えというのは，定性的すぎると感じたかもしれません。では，「サイエ
ンスとアートの掛け算がIRの取材力になる」と申し上げたらどうでしょう。
よけいにわかりにくくなりましたか（笑）。掛け算の内容は以下のようになり
ます。

【図表2－11】取材力はサイエンスとアートの掛け算

サイエンス（合理，データ）　　　　　アート（情理，思い）

①取材件数
②バイ・セルサイド資料・データ
③実質株主判明調査等のデータ
④費用対効果（効率性）　　など

X

⑤相性（得意・苦手）
⑥深層的対話（表情，しぐさ）
⑦世界観・哲学
⑧ヒストリー　　　　　　など

＝　取材力

　サイエンスは，①から④に例示したような数字やデータで表すことができる
ものです。では，これだけ把握すればよい取材ができるのでしょうか。必ずし

もそうでないことはご理解いただけると思います。例えば，サイエンスについて把握した後，何度かお会いしているのに打ち解けない，話が弾まない，気まずい雰囲気になってしまう取材相手はいませんか（私には，いました）。もっと言えば，何となくいけ好かないと思っている相手が，あなたにもいるのではないでしょうか（もちろん，実際の取材においてそんなことはおくびにも出さないで対応しているはずです）。それこそがサイエンスではいかんともしがたいところで，アートとして向き合うべきところになります。例として⑤から⑧まで挙げています。⑤や⑥は，上述の打ち解けない，話が弾まない等に関するところです。⑦⑧は，経営者の世界観・ポリシーや会社のヒストリー等へサイエンス（情報やデータ）を乗せることで，本来なら見えない会社の価値が可視化され生き生きと伝わるようになるはずです。

　以上が「取材力はサイエンスとアートの掛け算」と考えるゆえんです。取材力を向上するにはサイエンスとアートのそれぞれをアップグレードしていく必要があることをご理解いただけたと思います。では，サイエンスとアートを具体的にどのようにアップグレードするかを見ていきましょう。

⑴　サイエンスのアップグレード

　サイエンスのアップグレードですが，先述の①から④の間では①取材件数が自らの行動を変容することで対応できるので最も重要です。②バイサイド・セルサイド資料・データや③実質株主判明調査は，すでに存在しているものや調査した結果であり，無償・有償の幅広いオプションから自社にとって最善と思われるものを選択します。④費用対効果についてはKPIを事前に設定しておけば問題なく測ることができるでしょう。

　最重要といった①取材件数については，量と質の両面から押さえていきます。量とは，シンプルに件数そのものです。件数にこだわるのは，やはり一定の件数をコンスタントに対応しなければ取材力は上がらないからです。私のクライアント企業の実例に照らすと，時価総額が数百億円規模で年間50〜60件（四半期に12〜15件）の取材をこなすようになって株式市場からの認知レベルが一段

上がりました。これによってIR担当の取材に対するモチベーションも高まり
ましたが，これは取材件数の増加がもたらしたシナジー効果にほかなりません。

　質については，基本的にはあるところまでは量（件数）の増加とともに向上
するものです。大切なことは，変化の瞬間—例えば取材相手からの質問内容
（数値確認が取材の中心だったのが事業・製品の方針や戦略を確認するように
なってきた），バイサイドならば顔ぶれ（バリュー系が取材相手の中心だった
ものがグロース系も入ってくるようになった），アナリストならばレポートの
内容（企業側がレポートに書いてほしいことを，アナリストが正しく理解して
レポートに書き上げている）等—を見逃さないことです。この変化の瞬間を見
逃さないようにするにはどうすればよいかは，後ほど見ていきます。まず，取
材の量（件数）を増やすにはどうすればよいかを説明します。

⑵　取材件数を増やすためのスキルとテクニック

　自らの行動で取材件数の増加につながるスキルやテクニックです（【図表2
−12】参照）。8つ挙げています。

【図表2−12】取材件数を増やすスキルとテクニック

#	スキルとテクニック	ポイント	取材アレンジ	取材中	取材後
1	CEO/CFOを使う	人・物を使う	○	−	−
2	現物・現場を見せる	人・物を使う	○	−	−
3	断りの理由をなくす	変化	○	−	−
4	スモールミーティングで参加しやすくする	変化	○	−	−
5	旬のテーマで取材対応する	変化	○	−	−
6	次回取材の約束をする	継続	−	○	○
7	次回取材の宿題をもらう	継続	−	○	○
8	第三者に声をあげてもらう	人・物を使う	−	−	−

※　○は，効果的なタイミング

　1の「CEO/CFOを使う」は，まさに経営トップのCEO（またはCFO）を使って取材を獲得することにほかなりません。CEOやCFOを取材のために安売りしてはなりませんが，ここぞという時（例えば，IR担当が何回か取材を重ねて手ごたえを感じている中，今回で株式購入へ確実につなげたい場面）の決め手として登場してもらいます。あるいは，ターゲット投資家・アナリストとのきっかけがどうしてもつかめないとき，初見の取材の呼び水として対応してもらう手もありです。ポイントは，取材を依頼する際，スピーカーがCEO/CFOであることを明確に伝えることです。言うまでもなく，CEO/CFOとIR担当との関係性が構築されていて初めて成立するスキルとテクニックです。

　2の「現物・現場を見せる」こともたいへん有効な手法です。「新製品（新サービス）を紹介します」「○○工場（××施設）の見学会を開催します」というのは通常，現物や現場を見る機会の限られているバイサイドやセルサイドに対し，キラーワードとして想像以上の力を発揮します。IR担当にとっては，製品紹介や見学会の準備が増えたり，関係部署との事前調整が必要になったり工数はかかりますが，取材への道は確実につながるでしょう。工場・施設見学会の後にセットで先述の1オン1ミーティングやスモールミーティングを組み込んで提案してください。

　3の「断りの理由をなくす」とは，取材アポ入れが不成立になった際の原因を取り除くことにほかなりません。例えば，不成立の理由が取材相手の希望する日時にIR担当の都合が悪いのであれば，日程を調整するということです。外国人投資家には，初見でもCEO/CFOをスピーカーにした取材を希望する方がいます。これは，ダメモトでリクエストしている場合が多いのですが，まずはIR担当との取材から始めましょう，という回答を電話やメールでためらわずに返すことです。ただし初見でもターゲット投資家からの依頼であれば，話は別です。経営幹部との取材を調整してください。

　4の「スモールミーティングで参加しやすくする」とは，一言でいえば初見となる取材相手に対して参加のハードルを下げるということです。バイサイド・セルサイドにとって取材したい企業があっても，いきなり1オン1の準備

をして臨むのは高い負荷がかかるものです。その時に企業から「スモールミーティングを開催するので，気軽に参加して（話を聞いて）ください」という誘いがあったとしたらどうでしょう。相手にとっては，まさに渡りに船の展開です。取材件数を多くこなしているIR担当は，1オン1ミーティングに加えてスモールミーティングを上手に組み入れています。読者の皆さんの会社では昨年，スモールミーティングを何回開催していますか。

　5の「旬のテーマで取材対応する」は，2の現物・現場を見せる代わりに株式市場にとって旬のテーマを提供する取材になります。例えば自社が自動車産業に関する事業を持っていて，それがEV（電気自動車）やCASE（自動車産業の次世代技術・サービス／Connected, Autonomous, Shared & Services, Electricの頭文字をつなげた造語）のようなバイサイド・セルサイドにとって関心の高いテーマであれば検討する価値があります。テーマを絞り取材対応するので，通常より突っ込んだ深い対話ができるように関係部署との事前打ち合わせが必要になるでしょう。IR担当でなく，その事業を管掌する幹部がスピーカーになる手もありです。

　これに関係して，次の柱と位置づける新規（育成）事業を旬のテーマにして取材依頼をしたいのですが……との相談を受けることがあります。これは，会社側の思い入れややる気のみが先行してしまい，自社資料・データや第三者評価・見通しの裏づけを十分に説明できないで，バイサイド・セルサイドから絵に描いた餅ととられ，逆効果になることがあります。むしろ毎回の取材の中で小出しに情報提供を行い，そのフィードバックの感触を得ながら次の展開を考えるような「急がば回れ」をおすすめします。

　6の「次回取材の約束をする」，7の「次回取材の宿題をもらう」は，今までの1から5と異なります。1から5のスキルとテクニックが，取材アレンジ段階において活用するのに対し，6・7は取材中や取材後に活用することになります。すなわち，1から5が，特に初見の取材相手を増やすことを念頭に置いているのに対して，6・7は今までの相手と今後も取材継続を確保することが主眼になります。バイサイド・セルサイドとの取材中，例えばその場での回

答が困難な質問をIR担当が受けたとします。その際，回答の緊急度が高くなかったり（取材相手に確認すること），データ等の収集に時間が必要だったりするのであれば，その旨を説明して次回の取材時（例：次回四半期決算発表後の取材，外国人投資家であれば次回来日時）に回答することを伝えます。また，取材が終了したタイミングでお礼とともに次回の取材約束を行う（押しつけるのはいけません）のは，対面やオンラインでつながっている最中，相手にとってなかなか断りにくい状況を利用したものです。

　最後の8「第三者に声をあげてもらう」は，1から7に比べると異質で，かなり難易度の高いスキルやテクニックになります。1〜7は，取材アレンジ，または取材中や取材後に活用するスキルやテクニックでした。8は，第三者が（IR担当に代わって）声をあげることで取材が入るように仕向けるものです。具体的に声をあげてもらうのは，バイサイドです。（バイサイドから）セルサイドに対して「○社（＝IR担当の会社）について詳しい話を聞きたい」，「○社のアナリストレポートはありますか（レポートを読みたい）」等の声をあげてもらうことです。バイサイド1社でなく，複数社の方が声をあげれば，セルサイドへの影響力は当然増します。こんな声を聞いたセルサイドは，どんな風に思うでしょうか。○社（＝IR担当の会社）との取材実績がなければ，バイサイドからの声に対応したくともできません。よって，○社へ取材を依頼しなければ，という必要性が生じます。また8は，新規セルサイドの開拓に迫られている場合にも効果を発揮します。IR担当とバイサイドの間に強い信頼関係がなければ成立しませんので，こんな相談や頼みごとができるバイサイドとの関係性をまずは構築することです。

　取材件数を増やすための打ち手を8つ挙げてきました。これらをうまく組み合わせて使うことで長期間にわたり継続的な取材を実現できます。私が前職で某機関投資家に対してとった行動と結果を紹介します（【図表2-13】参照）。

【図表2-13】継続的な取材で複数回にわたる大量保有を実現

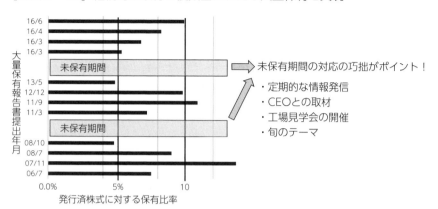

　取材相手は，米国の伝統的機関投資家（グロース系，Buy & Holdスタイル）
です。日東電工では，2006年7月に大量保有報告書が出されて5％超の保有が
明らかになりました。その後，買い進み一時は保有が10％を超えたこともあり
ます。とはいえ，永久的に保有されることはありえるはずもなく，2008年10月
に大量保有報告書で保有比率が5％を下回ったことがわかりました。ここで
（保有比率が5％を下回ったこともあり）やれやれ，一区切りついたと考えて
同投資家へのアプローチをやめてしまうIR担当がいかに多いことでしょう。
あきらめの悪い私は，保有比率がどんどん減って，ついには未保有となってし
まった後でも手をかえ品をかえて，同投資家との関係性維持に努めました。四
半期決算ごとの決算情報の提供は言うまでもなく，ほかにCEOとの取材，工
場見学会の開催，旬のテーマの取材をタイミングを見計らいながらやり続けま
した。するとどうでしょう。会社業績がリーマンショックからいち早く回復軌
道に乗ったことが大きく効いているとは思いますが，同投資家は躊躇すること
なく買い進み，再度の大量保有報告書の発行水準（すなわち5％超）にまで達
したのです。【図表2-13】を見ればおわかりいただけると思いますが，これ
は1度きりの話ではなく，2度にわたり再現できています。未保有期間の取材
を通じての関係性維持の重要性はもちろんのこと，よい投資家とめぐり会うと

はこのようなことではないかと今でも考えています。

(3)　取材の質を向上するための打ち手

　取材件数を量的な面から増やす方法について説明してきました。ここからは，取材の質を向上するために何ができるかを見ていきます。私が考え名づけた「Nの法則」に基づいて説明を進めます。最初に「Nの法則」とは何かですが，バイサイド・セルサイドからの質問は，その回答の難易度と時制（過去，現在，将来）の二軸上で分類が基本的に可能であり，分類の軌跡がアルファベットNの文字線上に，ほぼプロットされることから名づけたものです。バイサイド・セルサイドの代表的な質問項目を実際に並べてみたのが【図表2−14】です。

【図表2−14】取材の質を向上するため＜Nの法則＞を活用

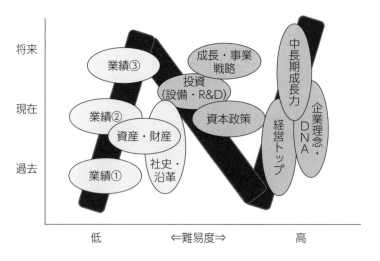

　左側に位置する業績（①，②，③），資産・財産，社史・沿革に関する質問は，回答の難易度が低位に属する質問です。業績①は過去の業績に関する質問ですから，（業績の）背景を把握できていれば回答することは問題ないでしょう。業績②は現在進行中の期の業績に関する質問です。これは，四半期決算後

の取材で問われる業績に関する質問と言い換えてもよいと思います。そして業績③ですが，将来業績の質問ということで来期以降の業績見通しに関する質問です。これら①，②，③は過去から現在，現在から将来へと時制が先へ進むたびに回答の難易度が少しずつ上がります。資産・財産は，BS（貸借対照表）やPL（損益計算書）等に関連した質問を意味しますが，多くは進行中の期，あるいは過去（前期）との対比で問われます。そして，社史・沿革ですが，過去から現在に至る会社のエポックメイキングな出来事（良いことと悪いことの両方）とそれが会社に与えた意味合いをわかりやすく説明できることです。

　例えば，バイサイド・セルサイドからの以下のような質問が挙げられます。どれも決算発表後の取材で問われる確率の高い質問ということになります。IR担当が想定Q&Aを作成する際には，抜け漏れのないよう着実に入れ込んでおくべき質問とも言えるでしょう。

・今期売上と営業利益の増減要因を説明してください（業績②）。

・特別損失（利益）の内容は何ですか？　また，それは一過性ですか（資産・財産）。

・固定資産がここ数期にわたり連続的に増加しているのはどうしてですか（資産・財産）。

・過去にもこんなこと（出来事）はありましたか。どう切り抜けたのですか（社史・沿革）。

・来期業績の達成確度について説明してください（業績③）。

　次に中央部に位置する投資（設備・R&D），資本政策，成長・事業戦略等に関する質問です。

　投資（設備・R&D）は，企業の持続的成長のために欠かせないものです。まずは進行中の期の数値を把握することから始まり，次いで過去からの実績推移も合わせて押さえておきましょう。その際には，絶対額の推移とは別の指標，

例えば（設備投資額の）対売上高比率の推移という形で把握しておくことも有効です。これはR&D費でも同様です。資本政策は，ここでは手元資金の使い途としますが，バイサイド・セルサイドにとってその使い途は大きな関心事です。一般的な使い途は設備投資，配当（増配），自社株買い，M&A等ではないでしょうか。経験からすれば，これらの優先順位を経営方針・戦略として伝えることは有効に作用しました。そもそも優先順位は，四半期ごとにコロコロと変わるようなものではありませんから，期初に社内関係者と（優先順位を）すり合わせ（例／１位設備投資，２位配当（増配），３位M&A，４位自社株買い），それが変わった際に背景などを丁寧に説明することを心がけていました。そして，成長・事業戦略です。これは手元資金の使い途の成果ともリンクしてくる質問になります。成長・事業戦略は，ほとんどの会社で中期経営計画（中計）を介して語られます。つまり，中計を公表していれば，その内容を語っていることになります。

　ここまで述べてきた投資（設備・R&D），資本政策（手元資金の使い途），成長・事業戦略（中期経営計画）は，足元から将来の企業像を確認するため三位一体で問われるものであり，どれか１つが欠けてしまうと残念ながら体をなしません。３つセットでの回答を用意しましょう。

　具体的な質問としては以下のようなものです。

・今期の設備投資額とR&D費用の実績はいかほどですか。また，中期経営計画ではどうなっていますか。

・R&D費用の目安はありますか。

・中期経営計画を達成するための肝は何でしょうか。それは，どうしてですか。

・〇〇事業は成熟産業であり，そこへ設備投資をするのはどのような理由からですか。

・事業の成長戦略ならぬ撤退戦略について会社の考え方をおうかがいしたいです。

・現預金が豊富だが，使途を説明してください。自社株買いの実績がないようですが，どうしてですか。

　最後は右端に位置する回答の難易度が最も高い質問です。3つ例示しています。経営トップについては，IR担当から見た経営トップ像を語ることです。現経営トップはもちろんのこと，前経営トップ，あるいは過去の名物トップや中興の祖と言われるようなトップについても語ることができねばなりません。さらにはIR担当として望まれる経営トップとはどんな人物かということまでディスカッションできればたいしたものです（取材相手から信頼されているからこその質問です）。企業理念やDNAは，ウェブサイトに記載されている言葉を伝えるだけではいけません。それは，万人に伝わるような綺麗な言葉であるがゆえ，インパクトに欠けることが多いものです。すなわち，忘れられてしまいます。では，どうするか。企業理念やDNAを体現している出来事に紐づけて語ることです。特に会社や経営トップの失敗談を率直に語るとバイサイド・セルサイドが身を乗り出して聴いてくれたことを私自身は記憶しています。そして，中長期成長力です。これは，中期経営計画のような3年，4年スパンではなく，それ以上のスパンで会社が成長できる理由を語ることにほかなりません。

　例えば次のような質問ですが，抽象度が高いことをおわかりいただけるかと思います。

・現経営トップはあなた（IR担当）から見るとどんな人物に見えますか。また，前トップとの違いはどんなところでしょうか。
・中長期の成長力を担保してくれるものは何ですか。その理由も教えてください。
・（競合企業でなく）御社の株式を買わなくてはならない理由は一体何ですか。

・企業風土で変えなくてはならないところがあるとすれば，どんなところでしょうか。
・今から10年後を見据えたとき，経営上の課題はどんなことになりますか。

Nの法則に基づいてバイサイド・セルサイドの発する鉄板とも言える質問を見てきました。

質問の難易度を低位，中位，高位に分けていますが，IR担当としてどこまで対応できればよいかと言えば，IR部門長は，当然ですが低位，中位，高位をフルカバーできなくてはなりません。特に高位にある質問は，IR部門長が経営トップの代弁者として語るべきところであり，まさにIRの醍醐味とも言えるところです。IR担当になって間もないのであれば，まずは低位に分けられる質問へ的確な回答ができるようになることから始めましょう。そして，中位の質問へも回答できるよう守備範囲を徐々に広げていくことです。

この項目の最後に初見の取材において，バイサイド・セルサイドがよくする質問とその背景を挙げておきます。足元の業績説明に加えて，これらの質問に対しても準備をしておきたいものです。

① 市場動向や見通し
業界で一般的になっている市場見通しと比較して楽観的なのか，悲観的なのか。業界における市場見通しと差異があれば，理由はどこからきているのかを確認してきます。これによって単に保守的な傾向の会社なのか，それとも情報収集や情報分析に優れているからなのかを判断しようとします。
② 会社のDNA
会社の根源的な強みと言い換えてよいでしょう。販売力に伝統的な強みがある，業界の基本特許を有している，ビジネスモデルが他社と異なり唯一無二である，カリスマ経営者の強力なリーダーシップ等々です。たくさん並べて言えばよいと

いうものではありません。多すぎれば相手も覚えられません。加えて，どれも薄っぺらで嘘っぽくなってしまいます。多くても2つくらいまでにしましょう。できれば1つを前面に押し出して，丁寧に説明したいところです。

③　競合企業と比較しての自社の強み・弱み

　これは，逆の言い方をすれば競合企業の強み・弱みをきちんと把握できているかということです。競合と比較した自社の強み・弱みの理由，それをどう強化（あるいは改善）しようと考えているかです。（自社が，あるいは競合が）コングロマリット的な経営をしていて，単純比較が難しい場合もあるでしょうが，可能な範囲での調査・分析をもとに説明するだけでもバイサイド・セルサイドへ与える印象は変わるものです。

④　中期的な経営戦略

　中期経営計画を公表していれば，その内容がメインになります。定性面（方向性や戦略）と定量面（具体的な数値）のバランスや整合性を確認してきます。最終年の数値目標が現状に照らして非現実的と思えるくらい高くなっている会社があります。整合性ある説明ができないこともあるでしょうが，そんな時は「気持ちが入っています」といなすことも時には必要です。

⑤　会社固有の収益成長要因

　バイサイドもセルサイドもこれを見つけるために取材をしています。新製品の上市，新規市場への参入，リストラやコスト削減等，景気や市場動向の変動に影響を受けることなく収益成長につながる要因の有無，さらにはその規模感を確認してきます。これはインサイダー取引規制の「重要事実」に関わることがありますので，伝え方には細心の注意が必要です。

⑥　過去実績のレビュー

　過去の実績をどのように自己分析・評価しているのかということです。過去の中期経営計画で成長をうたいながら未達であった場合，あるいは安定成長と言いながら変動幅が大きい場合などは，その認識を尋ねてきます。経営トップが交代した時によく出てくる質問の1つでもあります。

　ここまで「取材力はサイエンスとアートの掛け算」との考え方によりサイエンスについて，取材力を量と質の両面からアップグレードする手法や考え方を説明してきました。次にアートの部分について説明します。

⑷　アートのアップグレード

　アートのアップグレードでは，取材相手との間に心理学やコーチングでいうラポール（フランス語で架け橋を意味することから転じて，セラピストとクライアント間の相互信頼関係のこと）を形成することが基本になります。心理学やコーチングのラポール形成に詳しい方は，ここを飛ばして，「語り部（ストーリーテラー）として」のスキルとテクニックへ進んでいただいて結構です。

【図表2-15】取材におけるアートとの向き合い方

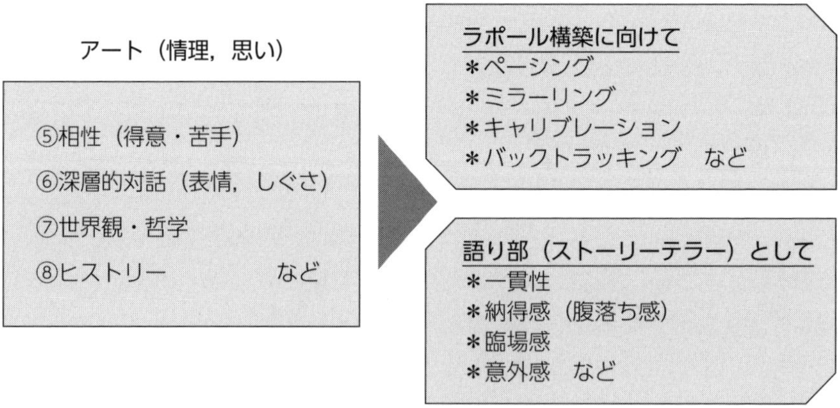

アート（情理，思い）

⑤相性（得意・苦手）
⑥深層的対話（表情，しぐさ）
⑦世界観・哲学
⑧ヒストリー　　　　　など

ラポール構築に向けて
＊ペーシング
＊ミラーリング
＊キャリブレーション
＊バックトラッキング　など

語り部（ストーリーテラー）として
＊一貫性
＊納得感（腹落ち感）
＊臨場感
＊意外感　など

　取材におけるアートとは繰り返しになりますが，情理であり思いになります。不得手・苦手な，もっと言えば，あまり好ましいと感じられないバイサイド・セルサイドに対しても，どうやって関係性を構築していくのかというスキルやテクニックを身につけることがアップグレードにつながります。

(5)　ラポール構築に向けて

　ラポール構築の基本になるスキルとテクニックですが，4種類あります。私がこの4つを初めて知った時，なるほどっ！　とひざを打ったものです。同時に，傍から見ていて人間関係を上手に築いている人，あるいは「人たらし」的な人は皆さん，これを行っていることに気づかされました。(スキルとテクニックを) 知ったうえで意識的に行っている人もいたのでしょうが，ごく自然に無意識のうちにそうされている人もいたと思います。どちらにしても何も知らなかった私は，IRの取材対応だけに限らず，日常生活の様々な場面でラポール形成という意味において，長い間損をしていたとつくづく思います。

---

　①　ペーシング

　　話すスピード，声の大きさ，声の高低，うなずき・あいづちの頻度やタイミング等，取材相手へ合わせていきます。非言語的なコミュニケーションのスキル・テクニックです。

　②　ミラーリング

　　取材相手の動作，しぐさ，姿勢，表情をまねます。いわゆる「類似性の法則」と言われる「人は自分と似た人に対し親近感や好感を抱きやすい」心理を活かしたものです。

　③　キャリブレーション

　　取材相手が無意識に発する言葉以外のサイン，例えば表情，話すスピード，声のトーン・大小などから心情を察します。取材相手が「わかりました」と答えてくれていても，声が小さかったり，下を向いたままだったりしたら「わかっていない」サインかもしれません。

　④　バックトラッキング

　　取材相手の発した言葉そのものを繰り返す，オウム返しのことです。①のペーシングは非言語でしたが，バックトラッキングは言語そのものを合わせます。

　4つのスキルとテクニックはよく知られたものゆえ，取材相手がそれに気づくこともあるでしょう。相手が露骨に拒否反応を示すのであれば控えることです。大切なことは，これらスキルとテクニックを実践する根底には，取材相手の質問を傾聴して的確な回答を伝えられるコミュニケーションを確立したいというIR担当の真摯な想いがあるべきです。それがあれば必ず取材相手との間にラポールを構築することができます。スキルとテクニックだけに走るのは「仏作って魂入れず」で逆効果になることを重々承知しておいてください。

⑹　語り部（ストーリーテラー）として

　取材相手との間にラポールを構築するスキルとテクニックの基本を理解した後は，より優れた語り部になる実践的な手法を説明します。10個お伝えしますので，できるものから取り入れてください。

---

　①　相手の名前を取材中の会話へ入れる
　会話の基本中の基本でもありますが，意識しないと意外にできていないものです。「おっしゃるとおりです」というよりは「〇〇さんのおっしゃるとおりです」のほうがより肯定感は強まります。
　②　嫌味でないお世辞は潤滑油と心得る
　褒めどころを常に探すことです。対面取材が中心だった頃は，カバン，ネクタイ（ピン），メガネ，腕時計，筆記用具（ボールペン・万年筆等），髪型などの目に見えるモノをよくネタにしていたものです。残念ですが，コロナ禍の世になってオンライン取材が隆盛の今，これは難しくなりました。私ならスピーカーから聞こえてくる取材相手の声を褒めるに違いありません。
　③　やたらとうなずかない
　ラポール形成のスキルとテクニックで説明したペーシングにある意味反することですが，やはり何事も過ぎたるは及ばざるがごとしです。うなずき過ぎは，取材相手に「わかった，わかった，もう結構」と取られてしまう可能性があります。

④　相手のツボを知る

　定期的に取材対応している相手ならば，その方特有の質問があることに気づくことがあるのではありませんか。こだわりの質問とでも言いましょうか。私の記憶に残っているのは，新製品売上高比率を取材のたびに質問された方です。前職の会社を研究開発型企業として理解いただいており，この比率の変化をバロメーターとして見ておられたようです。

⑤　回答を知っていても答えられない質問には周辺回答で返す

　どんなに重要な取材相手から質問されても会社にとって明かすことのできないマル秘事項は必ずあるものです。とはいえ，「機密事項なので回答できません」というばかりでは相手もしらけてしまうでしょう。そんな時，「スイートスポットをかする」回答をおすすめします。スイートスポットど真ん中の満額回答でなくとも，端をかすめる回答で返しましょう。これは，その場ではなかなか即答できないので，あらかじめ準備しておくことです。

⑥　説明は鳥の目から始めて，虫の目へ進める

　IR担当は，自社のこと，業界，製品等について専門家ですから詳しく知っていて当たり前です。つい取材相手も同じ土俵にいると思いこんで，いきなり微に入り細に入り説明してしまうことはありませんか。これは，虫の目の回答で伝わるものも伝わらなくなってしまいます。まずは，鳥の目で上空から見渡して，全体を俯瞰できるところから説明することです。例えば主力製品のシェアについて問われた時，日本企業全体のグローバルシェアから始めて，次いで自社のグローバルシェア・国内シェア，最後にその背景説明という順序で落とし込んでいけば，相手の主力製品に対する理解も一気に深まるというものです。

⑦　現物（現場）を見せる

　先述の取材件数を増やすスキルとテクニックでも取り上げていますが，バイサイド・セルサイドがこぞって現物や現場を見たがるのは，そこに彼らにとっての気づきのヒントが多くあるからにほかなりません。私の前職はB to B企業でしたが，幾度となくこれを経験しています。液晶用光学フィルム（偏光板）は，それなしでは液晶ディスプレイの画像が見えないという欠くことのできない材料です。取材相手の目の前へ真っ白な画面から光を放っている偏光板のないディスプレイ

を置きます。そこへ偏光板を置いた途端，色鮮やかな画像が見える，ある種マジックのような驚きであり，これが必要不可欠な材料と言われるゆえんかと感動していただける瞬間でもあります。

⑧　「でも」「しかし」は相手を否定する回答になる

「でも」や「しかし」に続けるとIR担当にそのつもりはなくとも，返答内容は自然に相手の言ったことを否定するものになってしまいます。では，どうすればよいでしょうか。「でも」「しかし」に回答を続けるのでなく，「だから」「それで」へ続けることです。試しに，「だから」「それで」に続けて話してみてください。相手の言ったことを肯定したうえで，ポジティブな方針や方向性を語る流れになってくるから不思議なものです。

⑨　相手の理解の遅さや低さに腹を立てない

IR担当になって間もない頃，これだけ説明しているのにどうしてわかってくれないのだろうと思うことが結構ありました。定期的に対応している相手であればあるほど，その思いは増します。そういった思いは，相手に伝わってしまうのが困りものです。ある時，懇意にしているバイサイドの方から会計・財務の内容に関して私が理解できずにいる点を教えてもらう機会がありました。その方にとっては初歩的な知識だったに違いありませんが，懇切丁寧な教えの結果，スッと腹落ちしたのです。これ以来，同じ状況になっても「説明が不十分だったかもしれませんが」に続けて相手が腹落ちするまでとことん説明を尽くすようになりました。

⑩　不安が態度に出ても，決して口には出さない

刑事ドラマの1シーン。取調室で刑事が容疑者に言います。「調べはすべてついている。口を割ってしまえよ。」と犯行を認めさせるシーンです。ドラマでは「刑事さん，すみません。そうです，私がやりました。」と自白を始めた瞬間，容疑者の顔は不思議と楽になった表情に変わります。この場面，あなたが容疑者，バイサイドが刑事だったらどうでしょう。「この業績結果，ほんとに厳しいですね。主力事業のシェア，競合に奪われているのではありませんか。」とバイサイドが詰めてきます。この時，それが事実であったとしてもIR担当として「そうなんです。」と軽々に口を割ってしまってはいけません。嘘をつきなさいと言って

いるのではありません。言えることは，ただ1つです。あなたの一言は株式市場
での企業評価とIR担当としてのあなたの評価に大きな影響を及ぼすことを理解し
て対応をしてください。

3　取材PDCAのC（Check）／取材後対応

【図表2−16】取材PDCAのC（取材後対応）

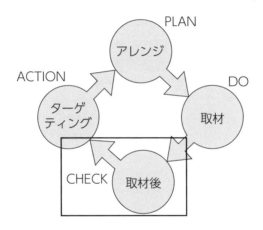

　取材PDCAのC（Check）は，取材後対応です。実は，この「C」こそが私
がコンサルタントとしてクライアント企業とおつきあいするようになって最も
驚いた部分です。何に驚いたかと言えば，対応があまりに各社各様，ばらつき
の程度が大きいことです。P（Plan）／取材アレンジやD（Do）／取材実践は，
荒っぽい言い方ですが，会社間で違いがないわけではありませんが，ベクトル
は少なくとも同じ方向を向いていました。しかし，C（Check）／取材後対応
はそうではありませんでした。今から説明する内容をほぼほぼカバーしている
会社がある一方で，取材対応を終えたら，やりっぱなしの放置したままでフォ
ローアップがゼロの会社もあるのです。C（Check）／取材後対応は，会社間

でP（Plan）／取材アレンジやD（Do）／取材実践に比べ，対応のきめ細か
さが異なっています。逆に言えば対応できていないところや手薄な対応となっ
ているところへ手を入れて少しでも改善すれば，他社との比較においてアドバ
ンテージになることは間違いありません。

　C（Check）／取材後対応は，取材録作成，取材録共有，質問内容の分析と
（取材相手への）お礼状配信（送付）からなります。説明は，P（Plan）／取
材アレンジの場合と同様に取材後対応のフローチャートに沿って進めます（【図
表2－17】参照）。

【図表2－17】取材後対応のフローチャート

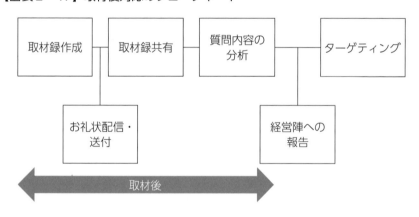

(1)　**取材録作成**
　取材後対応は，取材録を作成することから始まります。取材録といっても特
別なことを記載するわけではありません。営業担当が顧客とのミーティング後
に作成する面談記録と変わりません。取材録には，次の項目が含まれていれば
よいでしょう。

・日時（年月日）

・場所

・対応者（同席者含む）

・相手社名

・相手氏名

・相手タイトル

・質疑応答の内容

・約束事項

　この中で質疑応答の内容については，この後のフローチャートに出てくる「質問内容の分析」で詳しく説明します。

　取材録の作成フローで大切なことは，IR担当が皆で同一のフォーマットを使用することです。自己作成のフォーマットを使用する者もいれば，IR支援会社の提供するフォーマットを使用する者もいるという状況ではいけません。なぜかと言えば，これに続くフローの「取材録共有」が困難になるからです。

　取材録の作成に関して付け加えれば，相手社名や相手氏名等の記載方法についてもルールを決めておくことをおすすめします。現場実務でつくづく感じたのは，例えば取材相手の名刺の片面にABC Asset Managementとあり，その裏面にはエービーシー・アセットマネジメントとあったとします。ルールがなければ，アルファベットとカタカナの2通りの入力が生じる可能性があります。もしも2通りで作成されてしまうと，後日検索する時に入力の仕方によってはヒットしないため，見落としてしまうかもしれません。

　コロナ禍でオンライン取材が常態化して，名刺交換によってきちんとした社名や人名などの確認がしづらくなっているからこそ，気をつけて対応したい点でもあります。

(2)　取材録共有

　取材録共有は，取材録が個人所蔵にならないように共通の保管場所へ保存することです。保管場所としては，社内データベースやクラウドを利用している会社が多いです。保管場所を決めると同時に大切なことは，取材録へのアクセス権を誰に付与するかあらかじめ明確にしておくことです。IR担当とIRに関係する経営幹部へ付与している会社が多数です。

(3)　質問内容の分析

　IR担当は，取材録にある質疑応答の内容をもとに分析を行っていると思いますが，どのように行っていますか。よく耳にするのは「○○○に関する質問が多かった」「×××に関しては（質問を期待していたが）少なかった」というものです。＜質問内容の分析＞の一番の目的は，バイサイド・セルサイドの興味・関心がどこにあるかを見極めることですが，果たしてこのような分析で十分と言えるでしょうか。

　質問内容の分析にひと手間かけることで，先の定性的な分析から，定量的な分析へ変換できることを示します。バイサイド・セルサイドの興味・関心を定量的に把握することで，経営の判断材料の1つとしても有用なものになるでしょう。質問内容の分析結果の価値は高まり，IRの社内プレゼンスも向上するに違いありません。

　ひと手間かける分析の肝は，質疑応答の質問をどのように仕分けるかから始まります。質問者（バイサイド・セルサイド）の視点でなく，回答者（会社）の視点で仕分けることがポイントです。別の言い方をすると，質問内容（業績の結果や見通し数値，シェア，競合に対する優位性等）を会社側の事業に紐づけて分類することです。

　理解を深めるため私のクライアント企業であるX社の仕分けを例示します。同社は3つの事業A，B，Cを営んでおり，事業Aは主力製品，Bはもう1つの柱の製品，Cは育成中製品（1年半前に上市）です。FY2022／Q4決算発表後のバイサイドとの60分の取材中，質問が27個ほど出ました。わかりやすい

ように10個ほどピックアップして具体的な質問を記しています。仕分け先は，繰り返しになりますが各質問を事業ベースで分類したものです。

【図表2−18】X社質問の仕分け例

質問	質問内容	仕分け先
質問1	売上・利益の増減要因	全社関連
質問2	事業Aの足元状況と見通し	事業A
質問3	事業Aのシェア	事業A
質問4	事業Bの足元状況と見通し	事業B
質問5	事業Cの足元状況と見通し	事業C
質問6	事業Cの優位性（強み）	事業C
質問7	事業Aの競合製品への見解	事業A
質問8	事業Aの主力製品販売動向	事業A
質問9	事業Aの新製品生産性	事業A
質問10	株主還元について	全社関連
質問11	○○○○	事業A
〜		
質問27	××××	事業A

27個の質問中，事業Aに関するものが15個（56%），事業Bは3個（11%），事業Cは5個（19%），全社関連（事業に紐づけることが難しいもの）4個（15%）となります。事業に紐づけて仕分けるだけで質問比率として定量化できました（**【図表2−19】**円グラフ参照）。

【図表2－19】 X社の質問分析

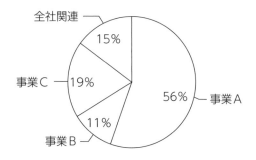

　これをご覧になってどんなことを感じますか。直感的に以下の①②③のようなことが頭の中をめぐったのではありませんか。これら問題点を解きほぐしていくのを社内でリードするのがIRに求められる役割になります。

①　バイサイド・セルサイドの主力事業Aへの関心の高さがうかがえる。それにしても質問の6割近くが事業Aに関するとは，集中度が高すぎる。

②　別の言い方をするとバイサイド・セルサイドの興味・関心は，もう1つの事業の柱である事業Bへほとんど向けられていない。質問比率は1割程度にすぎない。事業Bへの興味・関心を高めるため情報発信の強化などが必要ではないか。

③　事業Cについて，優位性（強み）を問う質問が出されたのは競合との比較目的によるものと推測される。事業Cの優位性を的確に示すデータや資料はすでに準備されているのだろうか。

　続いて，X社が上に述べた質問内容の定量分析を，例えば2年前の四半期決算発表の取材から毎回，継続していたとしたらどうでしょう。質問比率を時系列にグラフ化すると【図表2－20】のようになったとします。ご覧いただければおわかりいただけると思いますが，バイサイド・セルサイドの興味・関心

が時間の推移とともにどのように推移しているかを可視化しています。

【図表２－20】　Ｘ社質問の分析例①

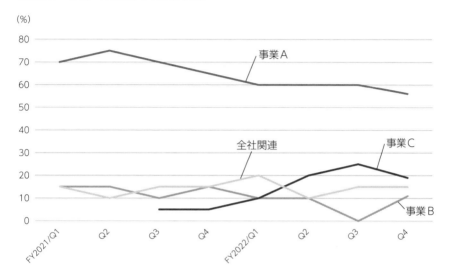

　この折れ線グラフから読み取れることはいくつかあります。繰り返しになりますが，それに合わせたIR施策を考えることがIRの役割になります。グラフとともに次のような考察と一緒に打ち手（案）等をIRから発信することは，経営へ直結するものであり，まさにIRの醍醐味の１つではないでしょうか。

・事業Ａは，質問比率が２年前の70～80％から低下傾向にあるとは言え，直近で依然50％を超える高水準にある。毎回問われる質問があれば，説明資料へ回答として含めてしまってはどうか。

・事業Ｃは，１年半前の市場投入時からすると質問比率は20％まで上昇してきた。バイサイド・セルサイドの興味・関心が順調に高まっていると推測される。

・事業Bは，事業Aに並ぶ柱の１つなのに質問比率10〜20％と低空飛行が続いている。もっと興味・関心を高められるはず。情報発信を強化したり，工場見学会や製品説明会を開催したりする等の施策を考えるタイミングにきているのではないか。

・全社関連の質問比率は，ほぼ10〜20％で推移している。毎回，繰り返し質問される内容があれば，その回答を説明資料へあらかじめ含めてしまうことはできないか。それによって事業Bや他事業を訴求する時間を作り出せるのではないか。

　次に，質問内容の分析において仕分けを活用できるもう１つの例を挙げます。それは，頻度の高い質問トップ10をリストアップして報告することです。これは現時点におけるバイサイド・セルサイドの興味・関心がどこにあるかを如実に語ったものです。X社で言えば次のようなイメージになります。

【図表２−21】X社質問の分析例②

質問頻度トップ10：FY2022/Q4

順位	事業	質問	％
1	A	販売動向	18.2
2	A	シェア	10.0
3	C	優位性（強み）	4.5
4	A	価格動向	4.1
5	B	足元状況と見通し	4.0
6	A	海外戦略	3.7
7	A	競合製品への見解	3.2
8	C	販売見通しと収益性	2.9
9	A	新製品の生産性	2.5
10	A	自動運転普及時の影響	2.1
トップ10の占める割合			55.2

　質問頻度トップ10では，先に見てきたような1年，2年単位でのバイサイド・セルサイドの興味・関心の変化とは異なり，今この瞬間に何が知りたいかという＜旬＞な質問の分析になります。X社では，1位販売動向，2位シェアが＜旬＞な質問と言えるでしょう。例えば，この四半期後の取材で1位が生産性に関する質問に変わるのであれば，事業Aに対するバイサイド・セルサイドの見方が変わったということでしょう。IR担当としては，どうして生産性について興味・関心が高まったのかを確認するべきです。

⑷　お礼状配信・送付

　C（Check）／取材後対応について，ここまで取材録作成，取材録共有，質問内容の分析の順にみてきました。最後の（取材相手への）お礼状配信（送付）について説明します。

　お礼状配信・送付ですが，私がIR現役を務めていた頃は対面取材が通常であり，電話等を用いた非対面取材は海外にいる投資家との取材くらいに限定されていました。そんな時代に他社IRとの差別化にたいそう役立ったものです。コロナ禍の世になって取材環境もガラリと一変していますので，ご紹介することがそのまま適用できるものではありませんが，ここぞという対面取材時の決め手になるかもしれません。

　お礼状配信・送付は，すべての対面取材相手へメールしたり，レターを作成して郵送するものではありません。関係性の構築ができていない相手に対して，記憶の片隅にとどめてもらうことが目的です。それゆえ，対象は初取材の相手，何年ぶりかの相手，海外から日本へ出張でいらっしゃった相手（あるいは，自らの海外IRで訪問した相手）などになります。

　お礼状配信・送付するタイミングは，フローチャートでは取材録を作成し終えたタイミングを想定していますが，あくまで一例です。大切なことは相手へのお礼の気持ちが消えないで，相手もあなたのことを記憶しているうちに配信・送付することです。取材後，何週間も経っていては逆効果にもなりかねません。注意が必要です。そんな事態を防ぐために，日本語と英語のスクリプト

（原稿）を用意していました。これなら，日付と相手先を変えるだけで作成が可能です。私は最後の一文に，素直なお礼の気持ちを自分の言葉で書き添えるようにしていました。

　お礼状配信・送付ですが，他社でも行っているIR担当はいるでしょうし，そもそも味気ない業務だと感じていました。それゆえ，私は他社とはひと味違った工夫を施しました。それが，取材後に写真撮影（相手のみの写真もあれば，グループ写真の場合もあり）を依頼し，それを必ず同送（同封）することです。これは，確実に相手の記憶に残ったようです。特に外国人の方は写真を撮られることが基本的にはお好きです。写真を後ほど記念に送りますと言えば，どの方も素敵な笑顔をカメラ（スマホ）へ向けてくださいました。来日時の思い出にもなります。海外IRでその投資家のオフィスを訪問した際に，デスク上にフォトフレームに入れて飾られた写真を見たことがあります。投資判断で私の前職会社にするか，他社にするか迷いに迷っている時，ふとこの写真が目に入ります。それが決め手となってわが社の株式を選択いただいたこともあったに違いないと勝手に思っています（笑）。

4 取材PDCAのA（Action）／ターゲティング

【図表2-22】取材PDCAのA（ターゲティング）

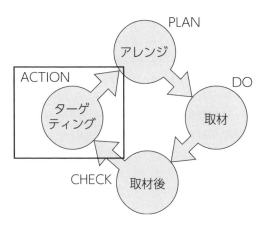

　PDCAサイクルでPDCと順番に回してきて，最後はA（Action）となります。一般的にはAは対策や改善のための行動です。P（Plan）／取材アレンジでの改善，D（Do）／取材実践での改善，C（Check）／取材後対応での改善と様々なネタがあるかと思いますが，ここでは視座をあげてPDCと回してきた結果を次の活動サイクルへ生かすためのA（Action）としてターゲティングを扱います。実際，IR実務においても皆さんの関心が高く，コンサルティング現場においても質問を受けることの多いテーマでもあります。PDCの時と同様にフローチャートに沿って説明をしますが，その前にターゲティングの基本となる考え方と定義づけを行います。

(1) ターゲティングの基本となる考え方

　ターゲティングの基本となる考え方として，孫子の「彼（敵）を知り己を知れば，百戦殆うからず」を理想論としていつも挙げています。彼（敵）は機関

投資家（外国人投資家含む）であり，己は自分であり，自社となります。相手を知るとは，運用会社とそのファンドについて知ることです。自分を知るとは，自分自身の性格や行動と自社について知ることです（【図表2－23】参照）。

【図表2－23】ターゲティングの基本的な考え方

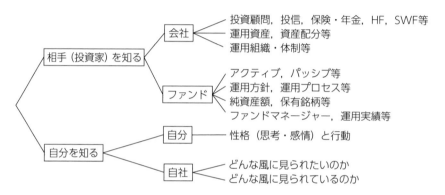

　相手を知ることができれば，自社に対する適合度が高いと思われる機関投資家へアプローチして取材を行うことにつながるので，取材効果や効率は高まります。何より，IRのモチベーションは向上します。

⑵　ターゲティングの定義づけ
　ターゲティングを次のように定義づけします。

> 攻めのIR戦略の1つ。現状の株主構成からどんな投資家を株主として増やしたいのかを考え，機関投資家（外国人投資家を含む）へ的を絞った場合，効率的で効果的な取材対応を行うために様々な情報を活用し意志ある取材候補リストを作成すること

　これだけでは消化不良だと思いますので，かみ砕いて説明します。まず，『攻めのIR戦略の１つ』とは，攻めの対極にある守りのIRを説明することで理解が可能になります。守りのIRとは，既存株主への対応を中心とした活動です。すなわち，毎回，取材している機関投資家への継続対応です。また，取材リクエストのあった機関投資家へ対応を行うことでもあります。これに対して，攻めのIRとはすでにおわかりいただけると思いますが，自ら新たな機関投資家へプロアクティブに働きかけていくことにほかなりません。

　次いで『現状の株主構成からどんな投資家を株主として増やしたいのかを考え，機関投資家に的を絞った場合』です。こちらは，機関投資家や個人投資家の動向把握から始まり，自社と競合の株主構成の比較へと続きます。前半部（機関投資家や個人投資家の動向把握）で確認を怠ることができないのは，日本取引所グループが毎年６〜７月に発表する株式分布状況調査結果における投資部門別株式保有比率の推移です。日本株をたくさん保有しているのは，どの部門なのかというトレンドを時系列で確認することが目的です。皆さんの会社の属するセクター別の株式売買動向（売越し・買越し）も確認することができます。

　後半部（自社と競合の株主構成の比較）については，次のような見方で自社と競合の株主構成を比較します。自社の株主構成の変化は，３〜５年前に遡って比較します。

　私のクライアント企業を例示しますのでご覧ください。同社は，３年間で業績を大きく伸長しました。株主数は，株価上昇が理由と思われる売却増により減少しました。ただ，全体としての株主構成に大きな変化は生じていないことがおわかりいただけると思います。

【図表2-24】3年間の株主構成変化

年度	2020年3月末	2021年3月末	2022年3月末
代表取締役	○○　○○	××　××	××　××
売上	250（億円）	260	350
営業利益	30（億円）	30	65
期末株価	4,000（円）	4,200	9,000
株主数	6,500（名）	7,000	5,000

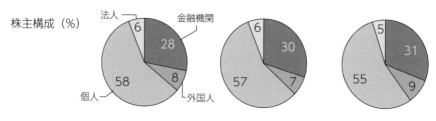

株主構成（％）

＊自己株は個人に含まれている

　次いでクライアント企業が競合としてベンチマークしている先との株主構成の比較です（【図表2-25】参照）。クライアント企業は売上や利益の絶対額ではまだまだですが、収益性では勝っていることが株価の高さに反映されています。株主数でも十分に伍していると考えますが、クライアント企業と競合A、B社との間の大きな違いは株主構成です。外国人投資家と機関投資家（円グラフでは金融機関）の保有比率には圧倒的な違いがあります。

　クライアント企業は投資部門別株式保有比率のトレンド、競合他社との業績や株主構成等の相違点を認識したうえで、IR活動の中心に外国人投資家を置いて、微増傾向にある保有比率のジャンプ・アップを目標に定めていました。

　最後に『意志ある取材リストを作成』です。『意志ある取材リストを作成』でぜひ理解してもらいたいのは、時にはあきらめることも必要と知ることです。ここでいう「あきらめる」は「ギブアップ」ではありません。「あきらめる」＝「諦める」＝「明らめる」であって、取材を希望する機関投資家との相性や適合度の高低を明らかにすることを意味します。相性や適合度が高くない機関投資家へ未練がましくアプローチを繰り返しても、結果は見えています。モチ

【図表2-25】他社株主構成と相対比較

	クライアント	競合A	競合B
年度	2022年3月末	2022年12月末	2022年3月末
売上	350（億円）	3,000	2,500
営業利益	65（億円）	307	280
期末株価	9,000（円）	2,000	3,000
株主数	5,000（名）	12,500	5,800

株主構成（%）

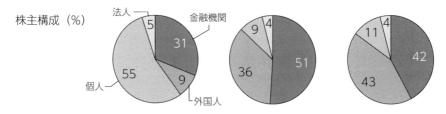

＊自己株は個人に含まれている

ベーションを維持するうえでもよろしくありません。取材リストへいつまでも残すのでなく，スッパリはずしてスッキリしましょう。ターゲティングは，IRのリソースをどの機関投資家への対応へ振り向けていくかを定める出発点になります。その出発点に立つには，背景や裏づけが大切です。言うまでもなく，機関投資家に代わって個人投資家へリソースを振り向けるという選択肢もあるわけです。

　ここまで前置きが長くなりましたが，ターゲティングの基本となる考え方と定義づけについて述べました。以下よりターゲティングのフローチャートに沿って説明します。

【図表 2 − 26】ターゲティングのフローチャート

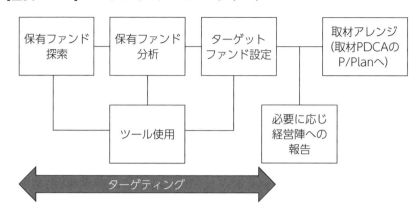

(3)　保有ファンド探索

　ターゲティングでは，まず自社株式を保有するファンドを見つけることから始めます。一般的な保有ファンドの見つけ方には，実質株主判明調査結果やIR支援会社の提供する株式保有に関するデータベースなどを利用することです。一定の精度が担保されており，私も前職では毎年，実質株主判明調査を行っていました。便利ではありますが，デメリットも承知しておくべきでしょう。一番は，費用のかかることです。それも限られた予算内で活動することが求められるIRにとっては小さくない金額です。また，そもそも，機関投資家（特に外国人）保有比率の高くない企業やIPOから間もなく個人投資家が株主の中心である企業にとっては急いで行う必要のないものです。加えて，調査結果（例えば，保有している機関投資家名とその保有数）だけに目がいってしまいがちで，他の重要データを知らないままスルーしてしまう状況が生じやすいことも難点かと思います。自ら保有ファンドを探すことは，そんなデメリットを解消してくれます（その分，手間はかかりますが）。

　そのためのターゲティングツールは，EDINET 円です。IR担当であれば，適時開示書類の開示で知らない方はいないはずです。しかし，そのEDINETがターゲティングツールになること，ましてや実際に使用している方はごく限ら

れているのではと思います。

　手元にEDINETのサイトを準備してください。皆さんご自身の会社で一緒に進めたいと思います。具体的な探し方に入る前にお伝えしておきますが，今から説明する方法で得られる保有ファンド情報は，国内公募型アクティブ，およびパッシブの投資信託であることをご承知おきください。なお，外国人投資家の保有ファンドを探す方法については後述します。

【図表2−27】EDINET活用／トップページ

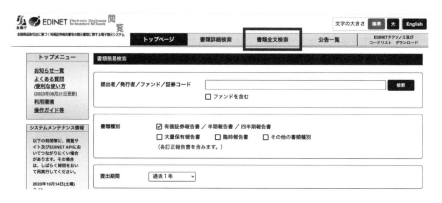

　まずはトップページ（【図表2−27】）です。最上部にある「書類全文検索」をクリックします。

　次画面へ切り替わります（【図表2−28】）。現在指定している検索条件の「文字列」へ社名を入力します。次いでその下にある「書類情報を指定する」において「書類種別を指定する」へチェックを入れて「検索」をクリックします。

【図表2−28】EDINET活用／社名と書類情報を指定

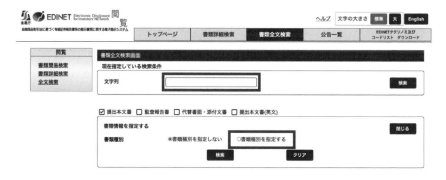

　そうすると，画面は【図表2−29】へ切り替わります。書類種別から「有価証券報告書」を選びます。

【図表2−29】EDINET活用／書類種別を指定

　そして，画面を下へ見ていくと「決算期／提出期間を指定する」の項目があります（【図表2−30】）。そこの「開く」をクリックすると次の画面が出てき

ます。「過去日指定」から提出期間をプルダウンして選択できます。

　最長は「全期間」（10年間），次に長いのは「過去1年間」，その次は「過去
6カ月」となります。

　必要期間を自分で設定したい場合は，「範囲指定」をクリックすると，最初
と最後の期間をカレンダーから入力できます。こうして期間を確定した最後に
「検索」をクリックします（【図表2−30】）。

　ここでは「過去1年間」を選択して話を進めます。

【図表2−30】EDINET活用／提出期間を指定

　しばらく待ちます。待ちの時間は結構長く，30秒近くかかることもあります。
すると，画面には一覧表が出てきます。表には「提出日時」，「提出書類」，
「コード」，「提出者／ファンド」等の項目があります。表の最下部を見てくだ
さい。全部で何ページあって，合計何件のデータがあるかがわかります。ちな
みにトヨタ自動車で全16ページ（1ページには100件のデータ），合計約1,600
件のデータとなります。時価総額が数百億円であれば，データ件数にして300
〜500件（3〜5ページ）の企業が大半です。

　会社によってデータの多少は当然ありますが，いずれにしても「提出者／
ファンド」が皆さんの会社株式を保有している運用会社と運用ファンド名にな
ります。「提出日時」は，運用会社がEDINETで公開した日時で，最新のもの
からアップされており，検索時点から過去12カ月遡ってデータを閲覧すること

ができます。「提出書類」は有価証券報告書と記載されていますが，運用会社の運用ファンド報告書と考えてください。

　これらの生データをいかに加工して，活用していくかを説明します。手間はかかりますが，慣れてしまえば気にならなくなります。

　最初に，一覧表の１ページ目の右上にある「検索結果出力」をクリックします。そうすると，エクセルのポップアップ画面が表示されるので，それを開きます。エクセル20行目から先ほどの一覧表が出てきます（１〜19行目は無視して大丈夫です）。繰り返しになりますが，データ数は100件です。次に一覧表の２ページ目でも同様に「検索結果出力」をクリックして，エクセルを開きます。そして，100件のデータをコピーして，先ほどの１ページ目のエクセルデータに続けてペーストします。これで２ページ分，200件のデータが集まりました。同様に３ページ目，４ページ目と続け，最終ページまで行います。これで過去１年において皆さんの株式を保有していた運用会社と運用ファンドリストの原型エクセルができあがりました。

　次にこのエクセルを加工します。加工といっても何も難しいことはありません。利用しない項目を隠すだけです。言い換えれば，表に残しておく項目は，「提出日時」，「コード」，「提出者／ファンド」の３つで十分です。ほかは隠すか，削除してしまいましょう。

　最後の仕上げとして，運用者／ファンド別に新しいものから並び替えを行います。（【図表２−31】）は，私のクライアントＡ社（プライム市場，時価総額150億円）の令和２年（2020年）３月から遡ること１年の間に三井住友DSアセットマネジメントが運用保有していたファンドの一覧です。このようなものが運用会社別にいくつもできることになります。三井住友DSアセットマネジメントでは，15本のファンドがある中，最上部の２つのファンドと最下部の１つのファンドにグレーの色づけをしています。これが，次に行うべきアクションになります。実は，グレー帯のファンドは，株式アクティブファンド（以下「アクティブファンド」といいます）です。もうおわかりだと思いますが，次に行うのは，リストからアクティブファンドとそうでないファンドを仕分ける

ことです。

【図表２−31】アクティブファンドを抽出

提出日時	コード	提出者／ファンド
R2.03.23 09:13	E08957/G11454	三井住友DSアセットマネジメント株式会社/産業競争力強化ファンド
R2.01.10 09:04	E08957/G13366	三井住友DSアセットマネジメント株式会社/日本中小型クオリティバリュー株ファンド
R1.12.12 09:21	E08957/G12676	三井住友DSアセットマネジメント株式会社/三井住友・資産最適化ファンド（1 安定重視型）
R1.12.05 09:13	E08957/G12704	三井住友DSアセットマネジメント株式会社/三井住友・DCつみたてNISA・世界分散ファンド
R1.07.23 09:42	E08957/G12306	三井住友DSアセットマネジメント株式会社/三井住友DS・DCターゲットイヤーファンド2050
R1.07.23 09:27	E08957/G10945	三井住友DSアセットマネジメント株式会社/アセットアロケーション・ファンド（安定型）
R1.07.23 09:19	E08957/G12216	三井住友DSアセットマネジメント株式会社/イオン・バランス戦略ファンド
R1.07.11 09:26	E08957/G06810	三井住友DSアセットマネジメント株式会社/三井住友・DCターゲットイヤーファンド2025
R1.07.11 09:26	E08957/G06814	三井住友DSアセットマネジメント株式会社/三井住友・DCターゲットイヤーファンド2045
R1.07.11 09:23	E08957/G06812	三井住友DSアセットマネジメント株式会社/三井住友・DCターゲットイヤーファンド2035
R1.07.11 09:18	E08957/G06813	三井住友DSアセットマネジメント株式会社/三井住友・DCターゲットイヤーファンド2040
R1.07.11 09:15	E08957/G06811	三井住友DSアセットマネジメント株式会社/三井住友・DCターゲットイヤーファンド2030
R1.07.11 09:14	E08957/G06808	三井住友DSアセットマネジメント株式会社/SMAM・グローバルバランスファンド（機動的資産配分型）
R1.05.15 09:16	E08957/G04597	三井住友DSアセットマネジメント株式会社/三井住友・DC年金バランス30（債券重点型）
H31.04.26 09:03	E08957/G13356	三井住友DSアセットマネジメント株式会社/日本成長テーマフォーカス

　どうやってアクティブファンドと他ファンドを仕分けるのでしょうか。これは難しいようですが，決してそんなことはありません。仕分けるというよりは，アクティブファンド以外のファンドを機械的といっていいような方法ではじくことです。ファンド名に以下に挙げる単語が含まれていれば，それは高い確率でアクティブファンドではありません。

・インデックス

・TOPIX

・ターゲットイヤー，ライフスタイル

・バランス，セレクト

・資産最適化，資産分散，資産均等

・DC，ETF，SMA，ラップ型

　上記の三井住友DSアセットマネジメントのファンドに照らしてもそうなっていることがおわかりいただけると思います。もしもアクティブファンドかどうかの判断に迷うような場合は，運用会社のウェブサイトで該当するファンドの目論見書や運用報告書を見て確認します。この例では，産業競争力強化ファンド，日本中小型クオリティバリュー株ファンド，日本成長テーマフォーカスの3ファンドが運用されていることを確認できました。

　こうして他運用会社のアクティブファンドも同様にピックアップしてリストにまとめます。再び，A社を例にとります（【図表2－32】リスト参照）。

【図表2－32】運用会社とアクティブファンドをリスト化

#	運用会社	ファンド名
1	大和アセットマネジメント	ダイワ・ニッポン応援ファンドVol．5
2	大和アセットマネジメント	技術成長株オープン
3	大和アセットマネジメント	ジャパン・エクセレント
4	三井住友DSアセットマネジメント	産業競争力強化ファンド
5	三井住友DSアセットマネジメント	日本中小型クオリティバリュー株ファンド
6	三井住友DSアセットマネジメント	日本成長テーマフォーカス
7	ドイチェ・アセット・マネジメント	ドイチェ・ジャパン・グロース・オープン
8	ドイチェ・アセット・マネジメント	グローイング・エンジェル
9	野村アセットマネジメント	野村リアルグロース・オープン
10	スパークス・アセット・マネジメント	スパークス・プレミアム・日本超小型株式ファンド

　先述の三井住友DSアセットマネジメントの3ファンドを含めて5社の運用会社で合計10本のアクティブファンドが運用されていることがわかりました。

　次に行うべきは，フローチャート上の保有ファンド分析です。A社に関して言えば，10本の保有ファンドの特徴を把握して，機関投資家が会社のどんなところを魅力に感じて株式購入をしたのかという理由を探ります。それがわかれば，保有ファンドにおいて買い増しは可能なのか，さらには類似のファンドへ新たなアプローチをかけることも選択肢になります。まさに，それはターゲティングとなるわけです。

コラム２

外国人投資家の保有ファンドを探すには

　今からお伝えする方法は，米国モーニングスターのサイト（https://www.
morningstar.com/）を利用するものです。旧モーニングスターサイトのトップ
には『2023年３月30日付けでSBIグローバルアセットマネジメント株式会社
（旧モーニングスター株式会社）による「モーニングスター」ブランドの使用は
終了となりました。今後は，イボットソン・アソシエイツ・ジャパン株式会社が
米国Morningstar, Inc.が提供する各種サービスを，日本にて展開いたします』
と説明されています。このため日本語サイトがなくなってしまったのは残念です
が，使い勝手はさすが米国と思われるユーザーフレンドリーなものになっている
のでご安心ください。この方法から得られる情報は，外国人だけでなく国内も含
めた保有上位20位までのファンド（インデックスファンドも含む）と機関投資
家名です。それゆえ，会社によっては20位までがすべて国内機関投資家に占め
られており，外国人投資家の情報が含まれない結果もありうることをあらかじめ
ご承知おきください。

　それでは，サイトトップページの左上にあるSearch Quotes and Siteへ証券
コードを入力します（**【図表２－33】**）。この後は，トヨタ自動車（7203）を例
に挙げて進めます。

【図表２－33】MORNINGSTAR活用／証券コード入力

　7203を入力すると，下にView all results for 7203のメッセージが出てくるのでクリックします。7203が選択された画面へ切り替わります（【図表2−34】参照）。Toyota Motor Corpが複数あるのは，日本国内で上場している証券市場ごとに出てくるからです。ここでは，東京市場を意味するXTKSのToyota Motor Corpをクリックします。

【図表2−34】MORNINGSTAR活用／XTKS（東証）を選択

　XTKSのToyota Motor Corpが選択された画面が【図表2−35】です。ここでは，Toyota Motor Corp 7203の下にある選択肢からOwnershipを選び，クリックします。

【図表２−35】MORNINGSTAR活用／Ownershipを選択

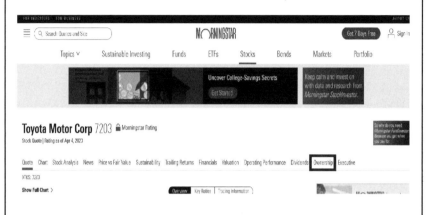

　そうすると，【図表２−36】のような画面が現れます。これが先述のトヨタ自動車を保有する上位20位までのファンドです。ここでは紙面のサイズ上，１位から７位までとなっています。１位はファンド名NEXT FUNDS TOPIX ETFであることがわかります。これは野村アセットマネジメントが運用するインデックスファンドです。同ファンドを右へ見ていくとCurrent Shares（現行保有数）とあり，その数311,823,700株（約３億１千万株）とあります。他には２位，５位，６位にインデックス投資で高名な米バンガード社のファンドが３本あり，７位には世界最大の機関投資家である米ブラックロック社のiSharesブランドのインデックスファンドがあることもわかります。８位から20位までざっと目をとおしましたが，いずれもインデックスファンドばかりでした。

【図表2-36】 MORNINGSTAR活用／保有ファンドトップ20

Toyota Motor Corp 7203 🔒 Morningstar Rating
Ownership | Rating as of Apr 4, 2023

Quote　Chart　Stock Analysis　News　Price vs Fair Value　Sustainability　Trailing Returns　Financials　Valuation　Operating Performance　Dividends　Ownership

Ownership　Major　Concentrated　Buying　Selling　Funds　Institutions

Name	Morningstar Rating	% Total Shares Held	% Total Assets	Trend Prev. 8 Qtrs	Current Shares	Change Amount
NEXT FUNDS TOPIX ETF	★★★	2.30	3.46		311,823,700	↑ 545,700
Vanguard Total Intl Stock Index Inv	★★★	1.18	0.60		159,911,613	↓ -191,200
Nikko Exchange Traded Index Fun...	★★★	1.09	3.50		148,067,500	0
iFreeETF TOPIX (Yearly Dividend T...	★★★	1.07	3.48		145,065,800	↑ 1,876,400
Vanguard Developed Markets Ind...	★★★★	0.68	0.79		92,649,978	↑ 178,100
Vanguard Instl Ttl Intl Stk Mkt Idx...	Not Rated	0.53	0.61		72,123,873	↑ 287,100
iShares Core MSCI EAFE ETF	★★★★	0.42	0.83		56,722,725	↑ 159,300

　さて，機関投資家はどのように調べるのかという声が聞こえてきそうです。その場合は，Ownershipを右へ見ていくと，現在fundsが選択されていることを確認できます。その隣にあるinstitutions（機関投資家）をクリックしてください。画面は【図表2-37】のようになります。保有比率の高い機関投資家トップ20の名前と保有数がわかります。

【図表2-37】 MORNINGSTAR活用／保有機関投資家トップ20

Toyota Motor Corp 7203 🔒 Morningstar Rating
Ownership | Rating as of Apr 4, 2023

Quote　Chart　Stock Analysis　News　Price vs Fair Value　Sustainability　Trailing Returns　Financials　Valuation　Operating Performance　Dividends

Ownership　Major　Concentrated　Buying　Selling　Funds　Institutions

Name	% Total Shares Held	% Total Assets	Trend Prev. 8 Qtrs	Current Shares	Change Amount
Nomura Asset Management Co Ltd	2.79	—		378,728,000	↑ 2,900
Vanguard Group Inc	2.29	8.50		311,207,831	↑ 236,800
BlackRock Fund Advisors	1.35	35.45		183,739,636	↓ -2,499,524
Daiwa Asset Management Co Ltd	1.34	—		181,672,400	↑ 2,120,200
Nikko Asset Management Co Ltd	1.33	62.90		180,253,300	↑ 513,800
Fidelity Management & Research Company LLC	0.77	22.32		104,482,293	↑ 568,160
Mitsubishi UFJ Kokusai Asst Mgmt Co.,Ltd	0.60	—		81,510,600	↑ 5,538,067

⑷　保有ファンド分析

　保有ファンド分析で必要なのは運用会社と保有ファンドの特長を理解することです。先ほどのA社株式を保有する5社の運用会社については，運用資産規模を表す資産総額をまず確認します。シンプルに運用会社の規模が，資産総額に現れています。大和アセットマネジメントを例にすれば，同社はホームページ上に「純資産総額の推移」と題して過去10年間の推移を公表しています。それによれば2021年3月末時点のそれは，23.3兆円とあります。大和アセットマネジメントを含む先ほどの5社の資産総額は【図表2－38】のとおりです。

【図表2－38】運用会社別の資産規模

#	運用会社	運用資産（兆円）
1	大和アセットマネジメント	23.3
2	三井住友DSアセットマネジメント	20.1
3	ドイチェ・アセット・マネジメント	1.1
4	野村アセットマネジメント	66.5
5	スパークス・アセット・マネジメント	1.4

　運用資産について注意が必要な点は，この中には株式だけでなく，債券の運用資産も含まれていることです。大和アセットマネジメントの場合，23.3兆円の内訳をビジネスレポートと題した事業報告書（2021年3月末）で開示しています。それによれば，公募投資信託の総額が21.6兆円で，株式投資信託は20.2兆円，公社債投資信託は1.4兆円とあります。つまり同社の場合，運用資産総額の約9割を株式投資信託が占めていることになります。

　ここから運用ファンドの見方について説明します。確認すべきポイントは以下の6つがあります。順番に見ていきましょう。記載されているデータの出所は，すべてファンド運用会社のウェブサイトに掲載されている目論見書や運用報告書です。

①　ファンドの特長
②　運用資産額
③　組み入れ銘柄数
④　組み入れ銘柄
⑤　ファンドマネージャー
⑥　保有数推移

①　ファンドの特長

　ファンドの特長については，運用方針や運用プロセスを目論見書や運用報告書から確認します。具体的に見てみます。

「ダイワ・ニッポン応援ファンドVol.5」交付目論見書より
ファンドの特色
わが国の株式等の中から，<u>東京圏の経済活性化により恩恵を受けることが期待される銘柄</u>に投資します。（下線は筆者）

■運用プロセス（交付目論見書のイラスト（【図表2−39】）参照）

　最初のステップとしては，ユニバース（投資候補銘柄）を選定します。同ファンドの場合，日本国内の上場株式から東京圏の経済活性化により恩恵を受けることが期待される銘柄です。まずはこのユニバースに入ることが肝要であり，ユニバース選定のための取材か，それとも次に述べる組み入れ銘柄（ポートフォリオ銘柄）選定のための取材なのかを意識できるようになればしめたものです。ユニバース銘柄選定には，クオンツと呼ばれる数学的な手法，さらにはAI（人工知能）を用いることも多くあります。

　2つ目のステップは，外部環境の分析とユニバース銘柄の成長性，バリュエーション，流動性等の調査になります。この銘柄調査の手法の1つが，まさに取材です。四半期決算ごとに何気なく対応しているかもしれませんが，取材

の重要性をあらためて認識してください。このように，少なくとも2ステップのスクリーニングプロセスを経て，日本の上場株式約4,000社から晴れてポートフォリオ組み入れ銘柄に選定されるのです。

【図表2-39】運用プロセスの実例①（交付目論見書より）

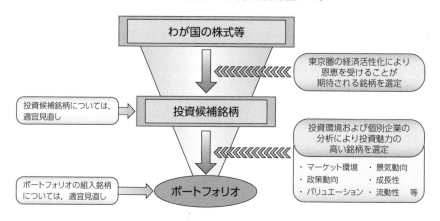

```
「産業競争力強化ファンド」交付目論見書より
ファンドの特色
日本の取引所に上場している株式（中略）の中から，イノベーションを通じて日
本の産業競争力強化を牽引することが期待される企業に投資を行います。
```

■運用プロセス（交付目論見書のイラスト（【図表2-40】）参照）
　産業競争力強化ファンドは3ステップのスクリーニング・プロセスを経て選定されることがわかります。第1ステップでは，イノベーション創出に積極的な企業を500銘柄程度選定します。そして，500銘柄の企業に対して調査分析を実施して200銘柄程度へ絞り込むのが第2ステップです。ビジネスモデルの再構築といった経営変化や中長期的ビジョン，事業成長性等がポイントになるようです。最終の第3ステップでは，いよいよ株式の流動性，バリュエーション，

テクニカル分析を通じて最適な売買タイミングまでを見計らって50から100銘柄をポートフォリオへ組み込んでいることがわかります。ここでもやはり，「この取材はどのステップに相当するのだろうか」ということを頭の片隅において対応することが大切になります。

【図表2－40】運用プロセスの実例②（交付目論見書より）

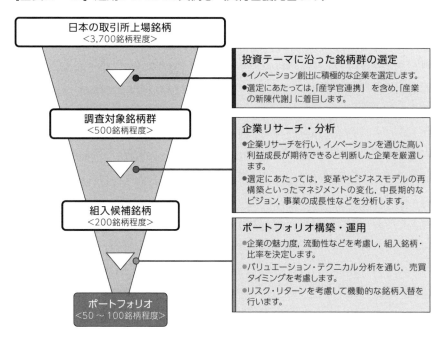

② 運用資産額／③ 組み入れ銘柄数

　ファンドの特色やファンドの運用プロセスと同様，目論見書から確認をします。先述の2ファンドについて調べると【図表2－41】のとおりでした。

【図表2－41】運用資産額と組み入れ銘柄数

運用会社	ファンド名	銘柄数	運用資産（億円）
大和アセットマネジメント	ダイワ・ニッポン応援ファンドVol. 5	82	65.4
三井住友DSアセットマネジメント	産業競争力強化ファンド	59	38.8

　運用資産額と組み入れ銘柄数を確認したのは理由があります。それは，皆さんの会社株式がどれくらいまでを組み入れられる可能性があるかを推測するためです。私はこれを「3％の法則」と呼んでいます。組み入れ上位銘柄の購入額は，運用資産額のざっくり3％と想定して，自社の組み入れ保有額と相対比較することです。ダイワ・ニッポン応援ファンドVol.5を例に挙げると，仮に保有する82銘柄に対して均等に購入していれば65.4 ÷ 82 = 0.79（=0.8億円）で，1銘柄当たり0.8億円となりますが，実際にはそのように購入されることはありません。一般論になりますが，組み入れ上位（トップから3位〜5位くらいまで）銘柄は上述のように3％程度まで買い進められることが多いです。ダイワ・ニッポン応援ファンドVol.5の場合，運用資産額の3％は，65.4×3％ = 1.96億円（= 2億円）となります。これと自社の保有されている総額を比較するのです。0.8億円程度であれば，あと2〜2.5倍程度の買い増しの可能性があるはずです。逆に2億円程度の保有がすでにあれば，いかにそれを維持するかということです。大切なことは，こういったことを把握したうえでファンドマネージャーとの取材に臨むということにほかなりません。

　もう少し具体的な事例を挙げます。B社の某年度の保有状況を「3％の法則」に照らして整理したものが【図表2－42】のリストです。4つの運用機関が4ファンドで保有しています。三井住友DSアセットマネジメントのニッポン中小型株ファンドでは，「3％の法則」に照らした保有数に占める実際の保有数比率は0.6％（1,900÷305,535）ほどです。他3ファンドはノムラ日本株戦略ファンド7.7％，スパークス・ジャパン・スモール・キャップ・ファンド

24.2％，フィデリティ・日本小型株・ファンド7.4％です。買い増し余力の高い順にニッポン中小型株⇒フィデリティ・日本小型株⇒ノムラ日本株戦略⇒スパークス・ジャパン・スモール・キャップとなりますが，あくまでも定量的な指標の1つであり，過信しないようにしてください。運用を差配するファンドマネージャーの定性的な判断が，保有数には強く影響することは間違いありません。

【図表2－42】「3％の法則」で買い増し余力を計る

#	運用会社	ファンド名	運用資産額（億円）	銘柄数（1月末）	運用資産3％（億円）	3％の法則保有数（株）	保有数
1	三井住友DSアセットマネジメント	ニッポン中小型株ファンド	138	231	4.1	305,535	1,900
2	野村アセットマネジメント	ノムラ日本株戦略ファンド	406.5	248	12.2	900,000	69,600
3	スパークス・アセット・マネジメント	スパークス・ジャパン・スモール・キャップ・ファンド	31.7	44	1.0	70,185	17,000
4	フィデリティ投信	フィデリティ・日本小型株・ファンド	216.4	96	6.5	479,114	35,600

＊保有数は2019年運用報告書より＃1＝2月4日，＃2＝9月20日，＃3＝10月15日，＃4＝6月20日
＊3月13日終値＝¥1,355

④　組み入れ銘柄

③で組み入れ銘柄数を確認したら，同時に組み入れ銘柄を確認します。どんな業界・セクターの組み入れ比率が高いのか，さらには競合企業の組み入れの有無などを漏れなく調べます。仮にファンドの特徴が自社の経営状況や戦略に合致しており，組み入れ比率も自社の属する業界が高いにもかかわらず，競合企業のみの組み入れとなっているのであれば，狙うべきファンドの1つになるでしょう。

⑤　ファンドマネージャー

　ファンドを運用するファンドマネージャーに関しては，電話番号やメールアドレス等，連絡先は少なくとも把握しましょう。一定規模の保有がなされるのであればファンドマネージャーは少なくとも一度はオンライン（あるいは，対面）で取材をしているはずです。そのタイミングを逸してはいけません。ただ，味見のお試し的な意味合いで小規模な保有がなされることもあります。その際には，運用会社の（インハウス）アナリストからの報告により保有が確定することもあります。その場合はそのアナリスト経由でファンドマネージャー情報を入手しましょう。また，取材アポイントのことを考えて，ファンドマネージャーのアシスタントの氏名と連絡先も確認しておくことをおすすめします。忙しいファンドマネージャーが自らアポイントを調整することはまずありません。

⑥　保有数推移

　【図表2−43】は，大和アセットマネジメントの「ダイワ・ニッポン応援ファンドVol.5」「技術成長株オープン」「ジャパン・エクセレント」におけるA社株式の保有数を半期ごとに発行される運用報告書からピックアップしてグラフ化したものです。「ジャパン・エクセレント」での保有がメインだったところから，「ダイワ・ニッポン応援ファンドVol.5」へ切り替わっていく様子がうかがえます。技術成長株オープンは低空飛行が続いていることもわかります（この後，同ファンドはクローズされています）。時系列でこのような追いかけ方ができていれば，①保有開始のきっかけをまず確認することができます。そして②保有増加の背景や③減少の背景についても同様に把握できます。

【図表2−43】ファンドごとの保有数推移

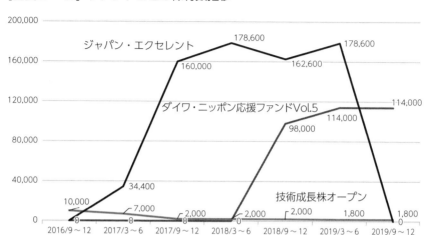

(5)　ターゲットファンド設定

　保有ファンド探索から保有ファンド分析を進めてきましたが，その結果を踏まえてターゲットファンドを設定します。A社株式の保有ファンドをまとめていきます。

　まず，5つの運用機関が10本のファンドでA社株式を保有する理由は，各ファンドの特長を目論見書から察するに次の5点です。

---

　①　中長期での成長力がある
　②　株価水準が割安
　③　経営陣が優れている
　④　技術力が優れている
　⑤　国内外の競合に対する優位性を有する

　次に，10本のファンドの純資産総額と銘柄数の平均値は，それぞれ59.8億円，

108銘柄でした。「3％の法則」に照らした10ファンドの平均保有数は234,784株，これに対する実際保有数平均は，50,420株です。現保有ファンドにおいて買い増しの余地は，まだまだありそうなことがわかります。

　現保有ファンドを除いて具体的に適合度の高いターゲットファンドを探します。その際には，MINKABU（みんかぶ＝みんなの株式）サイト（https://minkabu.jp/）の類似投信検索機能を利用します。検索方法はいたってシンプルです。

　①　「MINKABU」トップページのヘッダーにある「投信」をクリックすると，【図表2－44】のような画面になります。「投資信託TOP」下の「銘柄を検索」へ，自社株式を保有するファンドを入力して「検索」をクリックします。ここでは，三井住友DSアセットマネジメントの「日本成長テーマフォーカス」を入力してみます。

【図表2－44】MINKABU活用／投信選択後，ファンド名入力

　②　「検索結果」としてファンド名のところへ「日本成長テーマフォーカス」が出ますので，それをクリックします（【図表2－45】）。

【図表2-45】MINKABU活用／ファンド名をクリック

③　【図表2-46】のような「日本成長テーマフォーカス」基本情報のトップページになります。その中にある「類似銘柄」の項目をクリックします。

【図表2-46】MINKABU活用／類似銘柄をクリック

④　すると「日本成長テーマフォーカス」と類似の公募投資信託のリストがアップされます。4つの運用会社から4つのファンドがあがっています。類似

ファンド選定に関して「ファンドの運用スタイルが類似している公募投信を
ピックアップし，純資産総額の近いファンドを選定しています」とあります。
重要なのは，これで完了と飛びつくのでなく，４つのファンドの内容を吟味す
ることです。

【図表２－47】MINKABU活用／詳細比較をクリック

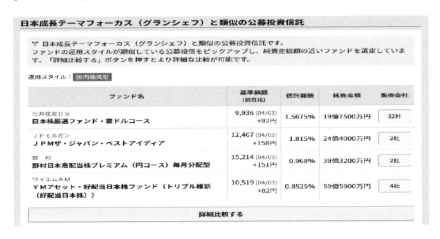

⑤　そのためには，画面の下部の「詳細比較する」をクリックします。【図
表２－48】のような画面が現れます。４ファンドの純資産総額は，先述の現
組み入れ10ファンドの平均59.8億円と比較しても違和感はありません。運用ス
タイルはどうでしょうか。ファンド名をクリックすると各ファンドの説明ペー
ジへ飛びます。ページ中央付近に「目論見書・レポート」が列挙されており，
目論見書をクリックして特色を確認します。

【図表2−48】MINKABU活用／ファンドごとに比較

ファンド比較　　　　　　　　　　　　　　　　　　　　　　　> 前のページに戻る

基本情報　　チャート　　🔒 組入銘柄

📊 **基本情報で比較**　　　　　　　　　　　4件比較中 / 最大5件　　**比較ファンドを追加**

	→ ✕	←→ ✕	←→ ✕	← ✕
ファンド	みずほジャパン・アクティブ・ストラテジー（通貨選択型）米ドルコース	日本優良成長株オープン（米ドル投資型）（スマートジャパン（米ドル投資型））	ＪＰＸ日経４００アクティブ・オープン米ドル投資型（ＪＰＸジャスト）	野村日本企業価値向上オープン（円投資型）
運用会社	アセットマネジメントOne	岡三アセットマネジメント	ニッセイアセットマネジメント	野村アセットマネジメント
基準価額	10,385円	10,400円	11,020円	13,089円
純資産額	13億円	23億9200万円	59億4900万円	76億6000万円
レーティング	1年 ★★★★　3年 ★★★★★	1年 ★★★★　3年 ★★★★★	1年 ★★★★　3年 ★★★★★	1年 ★★★★★　3年 ★★★

⑥　それでは，目論見書で各ファンドの特色を順番に見ていきましょう。

> アセットマネジメントOne／「みずほジャパン・アクティブ・ストラテジー」
> 中長期投資を前提に回復期，楽観期，調整期，悲観期の４局面に応じた銘柄を選
> 定します。通貨選択型とあるとおり，為替取引による収益も重要視しています。

> 岡三アセットマネジメント／「日本優良成長株オープン」
> 成長持続が期待できる銘柄を選定しますが，ROEや売上高営業利益率等の収益
> 性水準，方向性，変化などを重視するとあります。

> ニッセイアセットマネジメント／「JPX日経400アクティブ・オープン」
> JPX日経400構成銘柄，および同インデックスに採用が見込まれる銘柄の中から，株価上昇が期待できる銘柄へ厳選投資するとあります。

> 野村アセットマネジメント／「野村日本企業価値向上オープン」
> 企業価値向上が期待される銘柄へ選別投資することで中長期的な値上がり益を目指すファンドです。経営姿勢の評価では，経営者との対話を通じた企業価値向上への意識の変化などを重視します。

　4つのファンド特色よりアプローチするターゲットファンドを絞り込みます。例えば，JPX日経400構成銘柄（あるいは，それを狙える位置にある銘柄）でないので「JPX日経400アクティブ・オープン」は諦める，というように。この段階で，絞り込みが難しいようであれば「日本成長テーマフォーカス」のページへ戻り，「組入銘柄」をクリックします（【図表2−49】）。

【図表2−49】MINKABU活用／組み入れ銘柄をクリック

　そうすると，次の画面では組み入れ銘柄の一覧リストが現れます。自社の属

する業界・セクター銘柄や競合企業銘柄の組み入れ状況を加味してアプローチするかどうかを判断します（【図表２－50】）。

【図表２－50】MINKABU活用／組み入れ銘柄を確認

基本情報 | チャート | 分配金 | 組入銘柄 NEW | 販売会社 | 類似銘柄 NEW

日本成長テーマフォーカス（グランシェフ）の組入銘柄

2022年1月 | 2021年1月 | 2020年1月 | 2019年1月 | 2018年1月

2022年01月26日 基準

No.	コード	銘柄	業種	構成比(%)
1	6201	豊田自動織機	自動車部品	4.43
2	6758	ソニーグループ	家電	4.04
3	8002	丸紅	総合商社	3.27
4	6504	富士電機	重電機	3.07
5	9302	三井倉庫ホールディングス	倉庫・運輸	2.97
6	7381	北國フィナンシャルホールディングス	銀行	2.90
7	8804	東京建物	不動産	2.84

ターゲットファンドの設定についていかがでしたでしょうか。ここまではツールを使いこなしながら，現保有ファンドのデータから推測される保有背景を探り，類似ファンドを探してきました。もうひと手間かけてほしいことをお伝えします。それが保有ファンドのファンドマネージャーやアナリストの生の声を聞くことです。パーセプションスタディと言い換えてもよいでしょう。生の声から得られた調査結果に勝るものはありません。新たなIR課題を見つけるきっかけにもなりえます。

(6) ターゲティングのまとめとして

ターゲティングの基本となる考え方として，孫子の「彼（敵）を知り己を知れば，百戦殆うからず」を理想論として挙げました。彼（敵）は機関投資家

（外国人投資家含む）であり，彼を知ることができれば，①現組み入れファンドから選定された理由を探り，かつ買い増し余力を把握できます（「3%の法則」），②他運用会社での類似ファンドへアプローチできます，③競合他社が組み入れられているファンドへアプローチできます。ここまでの説明でご理解いただけると思います。

　ここへ「己を知る」という現実論を加えることでターゲティングのまとめとします。己を知るとは，自社を知ることです。これは，①自社がどのように見られているかを＜強み＞として整理することであり，②＜強み＞の定性的・定量的な訴求方法を確立することにほかなりません。クライアントの多くは，「敵を知ること」にやっきになりがちです。だまされたと思って「己を知る」ことを再確認してください。

　孫子の「彼（敵）を知り己を知れば，百戦殆うからず」は，次のように続きます。

彼を知り己を知れば，百戦殆うからず
彼を知らずして己を知れば，一勝一負す
彼を知らず己を知らざれば戦うごとに必ず殆うし

　少なくとも己を知れば，彼（敵）を知らなくとも一勝一負するくらいのよい勝負はできるのですから。

## 第 3 章

クライアントへのコンサルティング・
コーチング事例

・・

　本章では，私がIRコンサルタント・コーチとしておつきあいしてき
た（している）3社のクライアント企業の対応事例を紹介します。3社
の社名ですが，O社，H社，F社とします。起業して丸6年の間に何十
社ものクライアント企業とおつきあいをいただいた中，これらを事例と
して選んだのは，コンサルティング・コーチングのテーマが明確で皆さ
んの会社でのIRに照らして活用いただけるのではないかと思ったから
です。

【図表3-1】選定会社とテーマ

会社	テーマ
O社	取材PDCA対応を実践してIR王道を行く
H社	IRのステージに応じたIR組織・体制のあり方
F社	企業の強みを抽出してIRストーリーへ活かす

　私が代表を務めるディア・マスターズは，バックに○○証券がついている，××アセットマネジメントから出資を受けているなど，そんなものは一切ない，完全なる独立系のIRコンサルティング会社です。「独立系」と言えば聞こえはいいですが，要は飯のタネ，すなわちクライアント企業は自ら探してこなければなりません。そのためマーケティング戦略でいうところの競合IR支援会社との差別化ポイント（＝強み）が何であるかはとても大切なポイントです。今思えば，最初の時からわかっていた（決めていた）と言えるかもしれません。それは，私自身が上場企業のIR担当として現場実務に携わっていたことに他なりません。加えて，それを体系化し，言語化してテキストへ落とし込んだことで，そもそもIRの基本的な業務は，企業の規模や業種によって大きく変わるものではありませんが，汎用性がぐっと高まったと思います。

　もう1つ，強みとして挙げるとすれば，時間を味方にできることでしょうか。当然のことですが，クライアント企業もバイサイドもセルサイドも，決められた時間軸（基本は年度決算の1年間）の中で活動しています。1年後に締切がやってきて，否応なく結果が求められるわけです。ディア・マスターズも年間ベースで活動しており決算も行っていますが，この時間軸に大きな自由度をとれることが第2の武器だと考えています。時間軸を1年に縛ることなく2年で，あるいは3年で結果を出すというようにです。

　この2つの武器を活かすことのできる営業スタイルとは？　と考えたのですが，何の変哲もないいわゆる「どぶ板営業」へと落ち着いたのでした。ドラマチックな展開を期待されていたのなら恐縮です。資金はない，コネもないのないない尽くしですが，1つだけカッコつけさせてもらうとすれば，自分でクラ

イアントを引っ張ってこられる仕組みさえ作り上げることができれば，食べて
ゆくことはできる，との確信的な自信はなぜだかありました。

「どぶ板営業」，昭和世代の私には耳になじみのある言葉です。Y世代，まし
てやZ世代の方には初めて聞く方もおられるでしょう。どぶ板選挙から転じて，
どぶ板営業が生まれたらしいですが，どぶ板選挙とは選挙運動で戸別訪問が禁
じられていなかった時代に，それこそ選挙区にあるお宅を1軒1軒しらみつぶ
しに訪れる手法です。では，上場企業の1社1社に営業をかけたのか？　と言
われれば，さすがにどぶ板営業とはいえ，行っていません。私の前職のような
企業，すなわち株式市場で大型株と呼ばれるような企業へは声がけをしていま
せん。理由は，大型株企業は一般論になりますがヒト・モノ・カネ・情報を豊
富に抱えており，IRにおいても専任部門が複数人できっちりと対応されてい
ることが多いからです。代わって，中小型株と呼ばれる企業を中心に積極的に
声がけをしました（今もしています）。なぜならば，中小型株企業のIR環境を
大型株企業と比べると次の点において異なっていることがよくあるからです。

・IR意欲は高いがルーティン業務で手一杯，また何から改善すればよいかわから
　ない
・IR専任でなく，他業務（経営企画，経理等）と兼任していることが多い
・業務の属人化が進行している場合がある
・IR予算は（大型株企業に比べると）限られていることが多い
・経営層のIRへの理解が低く，十分な協力が得られていないことがある

中小型株企業のこれら課題に私のIR現場での実務経験に基づいたコンサル
ティングやコーチングが有用で解決につながるに違いないと考えて，中小型株
企業をメインターゲットとして声がけを始めました。具体的にはクライアント
候補の企業へ電話をかけたり，メールを送ったり，時には直筆の手紙を郵送し
て面談アポイント獲得を図っています。ちなみに，本書を執筆中の2023年6月

の段階で上場企業への声がけ実績を調べてみるとのべ約1,000社に上ります。声がけをした上場企業の時価総額を調べてみると，2,000億円を超えるのは1割程度でした。

　声がけをする企業をどのようにして決めていますか，と尋ねられることがあります。基本は，中小型株企業のウェブサイトから製品・サービス，決算説明資料，株価等を読み解き，そのうえで可能であれば決算説明会を聴講することです。この過程は今風に言えば，インサイドセールスだと思いますが，それを経て決めているということです。その声がけの甲斐があってO社，H社，F社他多くのクライアント企業の皆さんとのご縁につながっています。前置きが長くなってすみません。それではO社の事例からご紹介します。

第1 O社の事例
（取材PDCAを実践してIR王道を行く）

　O社は，プライム上場の機械メーカーです。主力製品は，国内市場でトップシェアを誇ります。利益率も常に2桁前後あって競合他社を上回る稼ぐ力を持っている会社です。O社とコンサルティング契約を締結するに至った背景は，東京証券取引所（以下，「東証」といいます）の新市場区分の上場基準への対応支援です。東証1部からプライム市場への移行に関していくつかの満たすべき条件がある中，ただ1つ流動株式時価総額が70億円と，条件の100億円に足りていませんでした。かねてよりO社は，株式市場におけるバリュエーションが本来価値よりも割安（PBRは1倍割れ，PERは10倍以下）に置かれていたこともあってIR強化は喫緊の課題でした。そこへ東証新市場区分の新たな上場基準も加わり背中をグッと押されることになったわけです。

　O社の皆さんとお会いした際の第一印象は，ギスギス感がなく家族的でおおらかな雰囲気の会社です。経営幹部から中堅，若手社員に至るまで「性格のいい」というのがおつきあい開始から今に至る間の率直な感想です。「性格のいい」というのは伝えるのが難しいものですが，例えばコロナ禍前，対面ミーティングが終了した際，こちらは駅まで歩くつもり（歩いて20分かかる）でいたところへ「車の準備ができていますのでお送りします」とごく自然に言ってくださるような会社です。大げさな感じはみじんもなく，恩着せがましくもありません。「帰る道すがらちょっとご一緒しましょう」という感じなのです。残暑の厳しい午後だったこともあり，予想していなかった申し出に大感激したものです。「性格のいい」とは，相手のことを思いやることができると言い換えてもいいと思います。

　これから第2章で説明した実務現場でのIR取材対応PDCAに沿ってコンサルティングのビフォーとアフターでどんな風に変わったかを見ていきます。最初に代表的な項目でのビフォーとアフターの変化点を図示します（【図表3-2】）。

【図表3－2】O社の変化

〈ビフォー（コンサルティング開始前）〉
組織・体制：1名体制（取締役管理本部長）
取材状況　：件数／年間30件前後 　　　　　　（うちバイサイド24～25件，セルサイド4～5件） 　　　　　　バイサイド／国内バリュー系の大手が大量保有報告書を提出 　　　　　　セルサイド／中堅証券会社1社がアナリストレポートを執筆 　　　　　　取材アレンジ／社外へ委託してアポ入れ
指標　　　：時価総額70億円，PBR0.7倍，PER8倍
〈アフター（2023年6月時点）〉
組織・体制：3名体制（総務部長と課長の2名が新たに担当開始）
取材状況　：件数／年間60件を達成 　　　　　　（うちバイサイド45件，セルサイド15件） 　　　　　　バイサイド／上述のバイサイドが買い増しを実行 　　　　　　セルサイド／中堅証券会社2社が新たにカバレッジを開始して計3 　　　　　　　　　　　　社へ拡大 　　　　　　取材アレンジ／社外委託は残しつつ，会社自らのアポ入れを開始
指標　　　：時価総額198億円，PBR1.4倍，PER12.6倍

　ビフォー（コンサルティング開始前）の段階で国内大手バイサイドが大量保有をしていたり，中小型株セルサイドがアナリストレポートを執筆していたりとかなり恵まれた，というか「知る人ぞ知る」玄人好みの企業であったと思います。そこからさらに一皮むけた企業になって東証新区分見直しの基準を達成する必要があったわけですが，見事に果たされました。その過程を第2章「詳細解説：取材対応のすべて」に照らしながら見ていきます。

1　取材PDCAのP（Plan）／取材アレンジ

　第2章でご覧いただいた取材アレンジのフローチャートを再掲します。このフローを思い出しながら読んでください（【図表3－3】）。

【図表3－3】取材アレンジのフローチャート

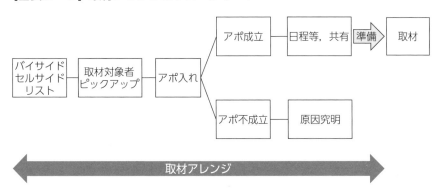

　まず取材リストは，【図表3－4】に示すような単年度の対応日，社名，氏名，部署，タイトル等をエクセルによりシート単位でまとめていました。前年度や前々年度の実績は隣のシートにありますので，そちらへ移動してみれば確認することはできます。しかし，取材対象者をピックアップしようとした時，リストには単年度実績が記載されているのみで他年度との一覧性がなく連続性や重要性を直感的に判断するのは難しい状況でした。

【図表3－4】O社の取材リスト（ビフォー）

#	対応日	社名	氏名	部署	タイトル	アテンド	対応者	場所
1								
2								
3								
4								
5								
6								
7								
8								

　リストにある「アテンド」欄は，バイサイド取材をアレンジしてくれた会社

になります。ここには契約を結んでいたIR支援会社，他には証券会社，直接に取材依頼をしてきたバイサイドやセルサイド名が記入されていました。IR支援会社へは複数の対応可能日時を預けていました。当時は「リクエスト」ベースオンリーの取材対応であったことがわかります。「対応者」欄には，取締役管理本部長の名前がズラリ9割方は並んでいました。所々に社長の名前が記入されており，重要度の高い取材には対応されていたことがわかります。単純計算で取締役管理本部長は，年間30件前後（四半期ごとに7～8件）の取材を対応していましたが，それ以上に件数を増やすことは1人対応体制では不可能であることを身をもって理解していました。念のため申し上げておきますが，取材リクエストは電話やメールで入ってきますが，それを受けていたのはさすがに本部長ではなく，総務部の兼任担当者です。「場所」ですが，コロナ禍前は対面が前提で相手，あるいは自社オフィスにて対応しており，コロナ禍になってほぼ全件が電話取材に切り替わりました。これらは皆さんも身をもって経験されていることと同じだと思います。

　以上のようなスタイルで取材アレンジ（取材対応PDCAのP）を行っていたO社が，アフターでどのように変わったかを解説していきます。

　まず，時間の経過に伴う取材実績データは手元のエクセルにすべてあるわけなので，それらをまとめて1枚のエクセルシートへ統合するよう助言をしたのがいの一番であったと記憶しています。同時にバイサイドの優先順位づけを行い，保有株数が判明していればその数を記載しました。まさに第2章でご覧いただいた【図表2－8】です。これによって過去からの取材履歴（取材実績），優先順位，保有数等が直感的に把握できるようになりました。

　これを用いて「アポ入れ」ですが，従来のリクエストベースの取材対応は残しながら，自社から取材リクエストを行うようにしました。その際の対象は，過去には継続的に取材があったのに，直近2四半期間の取材が途切れているセルサイドやバイサイド，加えてバイサイドであれば保有数が大きく減ったり（増えたり）しているにもかかわらず取材の入っていない先です。こう言ってしまうと当たり前のことに違いありませんが，当たり前のことが当たり前にで

きていない会社がO社に限らず何と多くあることかということです。

　「アポ入れ」はメールや電話で行いますが，依頼するというアクションだけでは半分しか成し遂げていません。「成立」か「不成立」かまでフォローしてはじめてアクション完遂となります。多く見られるのは，メールに対する返信がないにもかかわらず，そのまま放置してしまうことです。放置するのは，（返信がないのは）自社に関心・興味がないからと判断してのことでしょう。また，取材不要のネガティブな返答をもらう確率が高いのに，わざわざアクションする必要があるの，と腰が引けるのもわかります。しかし，この一歩を踏み込めるかどうかが，後々の千歩の違いにつながります。

　O社の場合はどうであったかと言えば，当たり前のことが当たり前にできていなかったわけですが，原因は組織・体制における人員不足にあったことは明白です。取締役管理本部長が身をもって経験していました。それゆえ現業務と兼任でありますが，取材対応者には2名（総務部長と課長）増員，取材アレンジに1名増員と手厚い補充が行われました。取材対応者2名増員ですが，「取材の多層化」を目指すよう助言したことが反映されています。「取材の多層化」とは，会社トップに至るまでの取材を複数の層で対応するという考え方です。初見取材や業績確認の定例的取材はIR実務担当者が，取材回数が増えそろそろ購入モードへ移行したと考える頃にはCFO等の経営幹部が，そして最後の決めの取材には経営トップが対応するイメージです。取材を2層，3層で対応しますので複数の目で相手を判断できるのが一番のメリットです（相手にとっても同様のことが言えます）。会社側の取材相手が変わることでバイサイドやセルサイドも否応なく取材ステージを意識しますし，何よりIR対応が手厚い会社として印象づけられます。

　取材対応者の2名については，PDCAのD（Do／取材実践）のところで説明します。取材アレンジについては1名増員されて2名体制になりました。2名とも総務課での採用業務との兼任です。1名対応の場合，新卒採用に関連した業務繁忙期にIR取材アレンジを対応するのは負荷が大きかったのですが，2名体制になって解消されました。2名で業務分担ができるようになったこと

はやはり大きかったです。取材対応者とのコミュニケーションが密になり両者で確認し合うようになったことも効きました。

2　取材PDCAのD（Do）／取材実践

　取材実践に関しては，件数（量）と内容（質）の両面から振り返ってみたいと思います。まず取材件数ですが，年間30件から年間60件へ倍増しました。セルサイドアナリスト（以下，「アナリスト」といいます）との取材は年間4〜5件だったものが，一気に15件まで増加しました。アナリストが1人ついてレポートを執筆していたことは先述していますが，2年間で新たに2人のアナリスト獲得に成功したことが急増の理由です。多くの場合，中小型株企業にはカバレッジアナリストがついておらず業界の解決すべき課題としてよく取り上げられます。そんな中，3人ものアナリストからレポートが発行されるようになったことで，Ｏ社の知名度や認知度はバイサイドから個人投資家まで広く向上しました。特別な手段を用いて増やしたわけではありません。決算説明会を開催，参加してくれたアナリストへ個別取材を依頼，それを四半期ごとに行うという当たり前のことを当たり前に行っただけです。私からくどいくらい繰り返し伝えたのは，第2章第1の3「よい取材の効用」で申し上げたマーケティングファネルに照らして，どのフェーズの取材なのかを常に意識するようにということだけです。

　アナリストの場合，バイサイドの「購入」に相当するものが「カバレッジ開始（レポート執筆開始）」になると思いますが，取材後にこちらから「ところで，いつレポートを書いてくれるのですか」と半分冗談，半分本気で聞けるような関係性をアナリストとの間に構築できていなくてはならないでしょう。また，アナリストからすれば，カバレッジ開始のイニシャルレポート発行は「買い（Buy）」の投資判断時に行いたい思惑があるのは理解しておくべきです。「売り（Sell）」の投資判断時にイニシャルレポートを発行するのは「買い」以上にセンセーショナルで話題性がありますが，私自身はまだ見たことはありま

せん。

　バイサイドとの取材件数はどう変わったかと言えば，年間25件だったものが，年間45件へほぼ倍増しました。やはり部長と課長コンビによる取材対応の開始で機会損失を減らせたことが効いています。相手の内訳は，9割方は国内バイサイドで，残りが海外バイサイドで変化はありません。増え方の特徴ですが決算発表ごと，つまり四半期ごとに取材するバイサイドが増えました。また，本拠地を欧米に持つバイサイドの東京拠点から取材が入るようになりました。どちらもコンビ対応による機会増があって，そのうえで前者は興味・関心のフェーズから比較検討，さらには購入まで考えるフェーズの取材が増えたためと見ています（また，取材アレンジ担当の2名から，四半期ごとに取材依頼が送られてくるのが，バイサイドにはボディブローのように効いていたと思います）。後者は，株式市場での認知度・知名度が向上したからにほかならないでしょう。ここまで，取材件数（量）の変化をセルサイド，バイサイドの順に振り返ってみました。

　ここからは取材内容（質）に関して見ていきます。やはり総務部長と課長の対応がポイントです。内容（質）を確認するにはどうすればいいか。私自身の経験も踏まえて申し上げれば，何より一番確実で信頼できる意見，すなわち取材直後に相手（バイサイドやセルサイド）からフィードバックをいただくようにしました。直接口頭でうかがったり，所定のフォームへ記入してもらいながら入手しました。今思えば，2人がいかに真剣に取材に取り組んでいるかを相手に知ってもらうことへもつながりました。フィードバックは3つの視点で依頼しました。1つ目は回答の内容，2つ目は回答の仕方，3つ目はその他（気づいたこと何でも）になります。取材対応を始めた頃の実際のフィードバックは【図表3－5】のようなものでした。

【図表3－5】O社へのフィードバック

〈回答の内容（的確度，わかりやすさ，回答の長さなど）〉
① 　非常にわかりやすく，回答の長さも適当でした。ただし，何が強みなのかという競争力の他社比較や業界の競争ルールがまだまだ説明力が弱いかなと思います。
② 　初めての取材で緊張があったと思いますが，財務的な視点や契約関係について詳細がわかればもっといいでしょう。
③ 　お話をうかがっていて気になる点はありませんでした。不明なことは「宿題」として，受け止められ冗長的に話すことなく進めていた点は助かりました。
④ 　質問者への回答に加えて，アピールしたいことや理解を深めるために知ってほしいことを加えてもらえると質問者側が見えていなかった点に気づきになることがあるので，そういうものも準備しておくといいのではないでしょうか。
⑤ 　（資料を投影する）ディスプレイを用意してくださったことは，見たいものをその場にいる全員がシェアできるのでとても有効だと思いました。
〈回答の仕方（声の大きさ・張り，表情，姿勢など）〉
⑥ 　終始笑顔を絶やさないご対応に感心してしまいました。
⑦ 　社業を楽しそうに話される様子に，厳しい環境の時も前進を止めない印象につながったのでよかったです。
⑧ 　回答の仕方については特に気になるところはありませんでした。後は経験を積んでいけば投資家はこんなことを知りたいんだというところがわかり，それを共通する資料や映像で説明されればと思います。
〈その他（気づいたこと何でも）〉
⑨ 　セルサイドアナリストとスモールミーティングなどで同席すると，業績などの数字の話が多くなります。そうした話は，準備さえしておけば徐々に慣れていくでしょう。回答できなかった質問は「持ち帰り」や「宿題」という形で，後日，確実に回答していただければ満足度は上がります。
⑩ 　今後どのような大手バイサイドに対峙されても，本日のように会社のカラーを失わず，堂々とそれでいて真摯にご対応いただきたいです。
⑪ 　総務部で対応されているのですが，名刺にはIRグループという名前だけでもあったほうがよいと思いました。IRが片手間ととられかねないなと思うからです。資料や映像を用意し，理解してもらおうという気持ちがあるにもかかわらずIRに対して会社の姿勢がよくないと思われては残念だと思います。

⑫	大手（証券会社）のアナリストにレポートを書いてもらうことが大切です。○○証券もそこそこ大手ではありますが，まずは主幹事に書いてもらうのがよいと思います。そうすると日本はもちろん外国人投資家も増えていくでしょう。良し悪しありますが，投資家の裾野は確実に広がります。
⑬	本当にいい会社だなと思いました。今後の成長について理解できれば長期投資の対象になるなと素直に考えました。

　13個のフィードバックを挙げていますが，ダメ出し，ネガティブトーン，助言・アドバイス系のフィードバックに着目しました。例えば次のようなものです。

---

① 競争力の他社比較や業界競争ルールの説明力が弱い

② 財務的な視点や契約関係についてより詳細が説明できるとよい

④ 質問者への回答に加え，プラスα（アピール点や知ってもらいたい点）の回答を心がける

⑪ 名刺にはIRグループという名前だけでもあったほうがよい

⑫ 大手証券会社や主幹事証券会社アナリストにレポートを書いてもらうことが大切

　私がこのような耳にしたくないフィードバックに重きを置くのは，中竹竜二氏（日本ラグビーフットボール協会コーチングディレクター，U20日本代表元監督，早稲田大学ラグビー蹴球部元監督）の講演を聞いてからです。中竹氏は，監督時代に選手からダメ出しをさんざんもらってきたのですが，「ダメ出しバンザイ」と受け入れてこられたそうです。なぜなら，ダメ出しは選手からのフィードバックそのものなので，いつも感謝したいくらいだったとハッキリ言われたことによります。耳に心地よいのはダメ出しとは正反対の褒め言葉ですが，それは右耳から左耳へスッと流れて消えてしまいませんか。でも，ダメ出し言葉はそうはいきません。忘れようとしてもいつまでも耳の奥に残っていま

す。だからこそ，フィードバックとして価値があり，それを消し去るには確固
たる行動を自らがとらねばなりません。前述の①〜⑬においてダメ出し系
フィードバック（①，②，④，⑪，⑫）以外の誉め言葉系は，今，できている
取組みだから，特に何もしなくともこれからも変わらずに行えるはずです。一
方，ダメ出し系はそうはいきません。業界情報や財務知識を自らブラッシュ
アップして説明力を向上したり，名刺にIRグループと入れたりしない限りは
変わりません。部長と課長コンビにこの趣旨を理解してもらって以降，本当に
短い期間で取材対応の実力がアップしたと実感しています。もしも，時に腹の
立つくらい厳しい質問や意見を出してくるバイサイドやセルサイドのダメ出し
フィードバックがなかったら，このような向上は図れなかったでしょう。まる
でチームメートであるかのようなバイサイドやセルサイドからの真摯なサポー
トに心から感謝したいと思います。

3　取材PDCAのC（Check）／取材後対応

　第2章でご覧いただいた取材後対応のフローチャートを再掲します。このフ
ローを思い出しながら読んでみてください。

【図表3－6】取材後対応のフローチャート

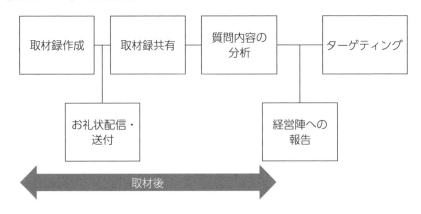

　最初に取材録についてですが，自社で作成したエクセル定型フォームを使用していました。完成度は高く，必要事項はすべて抜け漏れなく記入欄がありました。変更を加えたのは取材方式（対面，電話，ウェブ）の記録欄と要返信事項・宿題欄を設けたくらいです。スピーカーでない取材同席者が記入するのですが，第三者の目で見たフィードバックを遠慮せずに書き込むようにしました。先述のPDCAのD（Do）／取材実践のところでお伝えしたように，お互いにフィードバックし合うような環境を作ることが，成長のために何よりも重要になるからです。

　お礼状の配信や送付では，第2章でお伝えしたとおり，取材相手の記憶に残るからという私の経験に基づいて写真撮影の同送をおすすめしました。しかし，コロナ禍になって対面取材はほぼ消滅してしまった結果，やりたくてもやれなくなりました。逆に電話やオンライン取材になって，リアルの名刺交換ができなくなりましたので，へたをするとわかっているのは取材相手の社名と名前だけという由々しき事態も生じています。特に電話取材では相手が複数人いても姿は見えないので，取材の冒頭で必ず出席者を確認しなければなりません（オンライン取材で画面オフにしている相手に対しても同様です）。結論として，写真撮影に代わり取材方式に関係なく社名，名前，連絡先（電話番号，メールアドレス等）を必須の入手情報として収集するようにしました。言い換えれば，対面取材は従来以上に貴重な場であると認識して，冒頭の名刺交換から始まり，取材終了後の締めとして写真撮影は必ず行うようにしました。

　質問内容の分析は，全く手つかずの状況でした。強いて言えば，社内で報告をする際にも「○○事業への質問が多い」「××への関心は高くないようだ」というレベルの報告は行っていましたが，それ以上のものはありませんでした。それゆえ，第2章でご覧いただいたような他社の展開例をまず見てもらい，質問分析の重要性や有用性を理解してもらうところから始めました。

　次いで，質問分析を行うためのツールとして質問分類シートの活用を開始しました（シートは【図表3−7】を参照）。基本は，3C分析（会社／Company，顧客／Customer，競合／Competitor）視点で質問を分類することです。この

３つが大分類です。次に中分類として具体的な質問に沿って項目を作っていきます。一般的には会社に対する質問が最も多いので，分類が枝分かれをして増えることになります。【図表３−７】では，中分類が業績，強み，戦略・方針等に，そしてさらに小分類が中分類の下に紐づけられます。この項目の分類は，必要に応じて見直していきます。ちなみに第２章で説明したＸ社の事例は，同社に関する質問のほとんどが事業に関係したものゆえ，事業軸での分類へアップデートした経緯があります。この分類シートを取材に持参して，スピーカーでない取材同席者が質問のたびに「正」の字で質問数を記録していきます。

【図表３−７】質問分析シート

質問項目			質問数
会社	業績	結果，予想	
	強み	ビジネスモデル	
		参入障壁	
	戦略・方針	中期経営計画	
		資本政策，株主還元	
		設備投資，R&D投資	
		人材育成	
		ESG，SDGs	
	事業・製品		
	沿革・歴史		
	経営トップ		
	ガバナンス		
	株価	バリュエーション	
	その他		
顧客（市場）		顧客動向	
		市場動向	
競合		競合動向	
合計			

このシートを作成する利点はいくつかありますが，代表的なものは次のようなことです。

---

① 取材相手の関心・興味がどこにあるか定量的に判断できる。
② 取材のたびに記録をとり続けることで時間の経過に伴う関心・興味の変化が見てとれる。
③ 毎回，繰り返される質問には事前準備して備えることができる。
④ 顧客や競合への質問数が多い場合，情報収集を主な目的としている可能性がある。
⑤ 定量的に測定しているのでグラフなどで可視化してわかりやすく伝えることができる。

　デメリットもあります。質問を分類する際の判断基準が人によって必ずしも一致しているとは限らないことです。ただし，これはお互いの間で判断基準のすり合わせをすることでかなりの部分を解消することができます。他には，1人で取材対応（スピーカー兼記録）をしなくてはならない場合，どちらかがおろそかになってしまうケースが見受けられました。

　質問分類シートを導入したO社にとって一番のメリットは，やはり取材相手の関心・興味がどこにあるかを明確に把握できるようになったことです。取材直後なら相手のことはよく覚えているものですが，時間の経過とともに「アレッ，どっちだったかな～」と記憶は曖昧になるものです。もう1つのメリットは，相手の関心・興味が把握できるようになったことで想定質問の精度がとても高くなったことです。当然，想定質問に対する回答は事前に作成しますので，これが見事にはまった時（＝質問が出された時）は他の何ものにも代えがたい喜びと充実感が味わえます。

4　取材PDCAのA（Action）／ターゲティング

　O社のアクティブファンドにおける株式保有状況を第2章で説明したように
EDINETを使って行いました。これによって定量面と定性面から現況の把握を
行いました。

　定量面では次の3つの内容になります。

---

(1)　O社を組み入れたアクティブファンドは，7社の運用会社によって運用され
ている。資産運用規模が最も大きい会社で50兆円，小さいところでは10億円
です。

(2)　実際の運用ファンド本数は12本あって各ファンドの運用資産額は最大で
250億円，最小で2億円の規模。12本の単純平均額は58億円です。

(3)　「3％の法則」（第2章95頁参照）に照らすと，現状12本のファンドの保有
株式数総数は，「3％の法則」保有数のちょうど20％に相当します。最も保有
数の多いファンドでも（「3％の法則」に照らして）保有数比率は78％で，今
後の活動で保有数増加を十分に期待できるレベルです。

　定性面では各保有ファンドの目論見書や運用報告書から読み取れる共通点を
ピックアップしました。

---

(4)　O社は保有ファンドからどのように見られているか
　・（中長期での）成長力がある
　・株価水準が割安
　・経営陣が優れている
　・技術力が優れている

> ・国内外の競合に対する優位性

　(1)〜(4)までを整理すると以下のことが言えます。パッシブ（インデックス）ファンドにおける保有比率が大型株，中小型株に関係なく加速する中，特にO社のような典型的な中小型株カテゴリーで7社の運用会社が12本ものファンドで保有しているのは，珍しいケースと言えます。これは，戦っている市場が成長市場であり，独自の強みを保有し，収益力も高い，しかし現状の株価バリュエーションが割安にあり，まさに先述の「知る人ぞ知る」株式として保有されている面目躍如といったところではないでしょうか。

　これを踏まえて，O社は2つの具体的なアクションプランを打ち出して取り組み出しました。どちらもアクション内容自体は，難しいことではありません。本当に難しいのは，実際にアクションを起こせるかどうかとそれを継続できるかです。

(1)　O社株式保有ファンドへの取材強化

　基本的には買い増し余力のあるファンドばかりなので，四半期ごとの取材を必達目標にして件数増加による関係性強化を図りながら，繰り返し愚直に成長戦略を伝えました。これは先述の年間取材件数の増加へ大きく貢献すると同時に，保有数の増加（＝時価総額の増大）という結果へ結びついています。

(2)　O社株式未保有の類似ファンドへアプローチ

　新たに10社の運用会社から既存保有中ファンドと類似性の高い13本をターゲットファンドとして選定しました。そこから積極的に取材依頼へ打って出たところ，4件の取材へこぎつけることに成功しました。4件の件数を捉えて評価するのではなく，何もない「0」から有（今回は4件の取材）が生まれたことを喜び合いました。「やれば保有される」とは断言できるわけもありません

が，少なくとも「やればつながる」ことが身をもって経験できたのは，次への
強いモチベーションになりました。

コラム3
社内向けプレゼン資料作成で絶対に忘れてはいけないこと

　ビジネスパーソンにとってプレゼンテーション資料の作成はIRに限らず必須スキルの1つであることは間違いないと思います。IR担当ならば，1オン1やスモールミーティングのような取材時にピンポイントの説明で使用する場面から，ラージミーティングのような説明会，さらには社内会議など，様々な場面で使用できる資料を作成することが求められます。プレゼン資料作成において考慮すべきパラメーターには，先述のプレゼンの場面だけでなく，資料の狙い，スピーカー（自分自身，経営トップ等），聴き手（社外／バイサイド・セルサイド，個人投資家，社内／経営幹部，一般社員）等も加えなければなりません。IR担当の皆さんは社外向けにプレゼン資料を作成することは，慣れている方が多くいる（なかには，資料をフォーマット化していて，最新数値へ打ち換えるだけの場合もあるでしょう）と思います。ところが，その調子で社内会議向けに資料作成をするのだけれど，今ひとつ受けが悪い（理解が促進されない）とお悩みの方もいるのではないでしょうか。このコラムでは，社内会議を想定したプレゼン資料作成時に気をつけるべきことを挙げてみたいと思います。

　その前に，プレゼン資料作成における一般的なポイントをおさらいしておきます。

　世の中には多数の専門書が出版されており，私も何冊か読んで勉強しました。その中で私自身がポイントと考えている点を7つ挙げます。

①　「伝える資料」ではなく「伝わる資料」であるべき
②　内容（コンテンツ）は，構成（シナリオ・ストーリー）に従う
③　資料を10秒見た後，相手の記憶に残ることは何かを想像してみる
④　言葉がすべて，が，これを理解し作成されている資料がどれだけあるか
⑤　基本は1スライド・1メッセージ
⑥　1スライドの語数は，100〜120語におさえる
⑦　色は，最大3色までとする

　この7点を踏まえて，社内会議に向けたIRプレゼン資料を作成する場合，絶対に忘れてはいけないことがあります。「視覚化」，「経時変化」，「相対化」の3つです。これさえプレゼン資料で押さえておけば，想定外の方向へ話が進むことはないでしょう。

「視覚化」　：グラフや図表で直感的に理解できるようにする

「経時変化」：ターニングポイントを見落とさないため

「相対化」　：競合やベンチマーク企業との相対比較は常に行う

　「視覚化」，すなわちグラフや図表で説明することは，ポイントとして挙げた①～⑦の具体的な方法として考えてください。「経時変化」と「相対化」は，特に社内会議では意識して資料へ盛り込むべき内容です。逆に言えば，これらを何も考えずに社外向け資料で公表してしまうと，知らぬ間に敵（競合）へ塩を送っていることになりかねないので注意が必要です。

　「経時変化」や「相対化」は，IRに関する意思決定のみならず，全社的な意思決定へ影響を及ぼすこともあると心得ることです。

第2 H社の事例
（IRステージに応じたIR組織・体制のあり方）

　ここからはH社についてです。H社は，プライム上場の電気機器メーカーです。おつきあいが始まった年の時価総額は，すでに１千億円を超えていました。前々年からの時価総額は２倍になっており，ほぼ横ばいのTOPIXを大きくアウトパフォームしていました。とはいえ，株式市場では依然，中小型株としての認識にとどまっていました。同期間中の株主数と株主構成にも大きな変化は見受けられません。具体的には個人が６割弱，金融機関（外国人含む）が３割弱，残りが法人という構成です。

　時価総額の増大は，好調な業績と株主還元の拡充に反応したものです。株主数や株主構成には大きな変化はないと言いましたが，取材件数を確認すると明らかに変化の兆しが現れていました。件数は，すでに年間130件を超えていました。ちなみに，その前年は約110件，前々年は50件半ばです。取材件数が一気に倍増し，その後も２割のハイペースで増加していることになります。取材相手別に見ると，【図表３－８】のように変遷していました。

【図表３－８】　H社の取材件数推移と内訳

	国内バイサイド	海外バイサイド	セルサイド	その他	合計
当年	88	6	23	16	133
前年	91	2	12	8	113
前々年	44	1	10	0	55

　国内バイサイドとの取材件数は，四半期ごとに20～25件が定着しつつあります。海外バイサイドとは全体の取材件数に占める割合は低いものの，絶対数自体は前々年から前年は２倍，前年から当年は３倍と急増しています。取材相手の素性もはっきりしており，筋の良い投資家ばかりです。セルサイドとの取材件数も順調に伸びています。悩みを強いて言えば，レポートを書いてくれるカ

バレッジアナリストが不在であることです。その他も増加していますが，相手は新聞・マスコミや業界誌との取材です。

　この状況に対応するIRの組織・体制ですが，IR専任者はおいておらず，総務課の中にIRと広報を担当する4名のグループがあって，広報業務を兼務されていました。このうち3名がIRを担当しているのですが，主な役割分担は次のとおりです。リーダーは現場実務の取り仕切り，サブリーダーはリーダーを補完して協働，もう1人は主に資料や書類作成です。グループとして対応しているIR業務は以下のようなものです。

---

　①　株主や投資家取材（証券会社主催のカンファレンス参加含む）

　②　決算説明会運営（資料作成含む）

　③　事業報告書作成

　④　招集通知，決算短信，有価証券報告書の定性原稿の作成

　⑤　コーポレート・ガバナンス（CG）対応実務，CG報告書の作成

　⑥　株主総会発表資料の作成

　⑦　統合報告書の作成

　⑧　取締役会事務局

　⑨　IRサイトの更新　など

1　株主獲得から育成まで意識した戦略的IR活動

　おそらくは，皆さんも対応している馴染みのある業務ばかりだと思います。それを広報業務と兼務で対応されていることに驚くと同時に，このままでは千載一遇のIR変化の瞬間が宝の持ち腐れになってしまうと直感しました。これを踏まえてH社へ次の内容を提言しました。

　まず，現状認識として時価総額が1千億円超の規模へ達しており，（IR活動は）新たなステージに向かう時であることです。新たなステージとは，同社に

とっては国内や海外バイサイドに対する知名度や認知度の向上であり，株式保有比率の向上にほかなりません。同社の国内や海外バイサイドの保有比率は3割未満ですが，大手競合企業と比較すると少なくとも倍以上には引き上げたいところです。幸い，現状の活動水準は一定以上に達している（経営陣のIRへの協力，筋の良い投資家との取材，質の高い資料など）ので新たなステージへ向かうための土台は十分に備えられていると見ました。

　H社の目指すべき方向（＝あるべき姿）は，戦略的IR活動の始動です。他律でない自律したIR活動をPDCAサイクルに基づいて行うことです。第2章で申し上げた「IRは自社株式の販売・マーケティング活動である」のおさらいになりますが，取材は販売・マーケティング活動の起点になります。同時に推進エンジンにもなります。そのうえで，株主を獲得するのみならず，（獲得した株主を）ファン株主やパートナー株主まで育成することを念頭に取材対応を行っていくことが肝要になります。

【図表3－9】株主獲得と株主育成

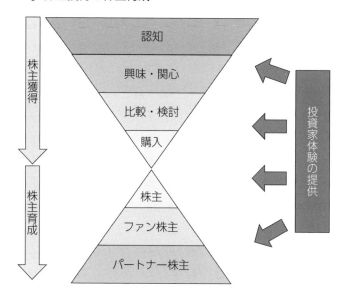

　【図表3-9】は，ダブルファネルになっています。逆三角形のファネルは
第2章で説明したとおりです。その下にある正三角形のファネルにファン株主
やパートナー株主とありますが，これは獲得した株主を育成していくことです。

【図表3-10】株主は4タイプ

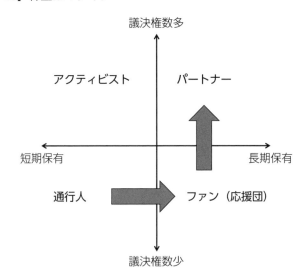

　【図表3-10】をご覧ください。縦軸に議決権数（保有株式数），横軸に株
式保有期間をとると，それぞれの象限に当てはまる株主タイプが浮かび上がり
ます。左上の第2象限は，議決権数が多く短期保有の「アクティビスト」株主
です。IR担当としてはアクティビストに保有されてしまっては後の祭りです。
続いて第2象限の下にある第3象限です。議決権数は少なく（個人株主であれ
ば1単元保有），株価動向により短期間で売却してしまうことがある株主です。
あえて「通行人」株主と記しました。個人であろうと，機関投資家であろうと
通行人的株主から始まることが多いのではないでしょうか。そしてそこから発
展した株主が，第3象限の右隣（第4象限）にあるファン株主となります。そ
のきっかけは，保有中に業績好調で株価が上がったり，増配があったり，ある

いは商品・サービスが気に入ったりなど，様々です。IRの対応が素晴らしいということもきっかけになります。株主はファン化することで，長期保有して応援しようという気持ちになるものです。最後は，第4象限の上（第1象限）になりますが，パートナー株主です。この特徴は，長期保有に加えて，議決権数も多いことです。個人株主では保有数に限りがあるでしょうが，機関投資家の場合は大量保有報告書が必要とされる規模まで買い進むこともあります。誤解してほしくないのは，保有数が多くなるよう買い進んでもらうことでなく（それはあくまで結果），会社のことを理解してファン（応援団）になってもらい，業績変動で株価が上下してもちょっとやそっとのことではびくともしない信頼感（株価が下がった時は買い場と考えてくれるような）を持った，まさに「パートナー（共同経営者）」のような株主です。このレベルまで株主を育成することができればしめたものです。

　H社の現状と目指すべき報告（＝あるべき姿）を見てきましたが，この2つの間のギャップが課題になります。順番に見ていきましょう。

・受け身のIR活動

　広報業務の兼任もあり，眼前の業務（取材対応や資料作成等，先述の①～⑨の業務）対応で手がふさがっています。このため自ら絵をかいて（＝戦略を立てて）仕掛けていく自律的な動きがとれていません。流れに身を任せるような他律的な業務対応では，業績好調・株価上昇時には何とかモチベーションを維持できても，その逆になった時には難しいでしょう。

・IR活動の属人化が懸念材料

　業務を標準化（作業手順書・マニュアルの作成や定期講習等）してふさがっている手を空けることを考えるべきですが，IRには一定の経験や知識が必要とされる業務があることも事実です。すると自分たちでやったほうが慣れているし，早くできる，としてついついそのまま対応してしまいます。マニュアル化して対応したほうがよい業務についてもそのままにしてしまい，気がつくと属人化が起こっています。

> ・IR活動の方向性について経営陣とすり合わせできているか
>
> 　IR活動が受け身にならないように，そして属人化しないようにという課題を経営陣と共有したうえ，それに対する打ち手を施すべきです。

　日々のおつきあいを通じて課題の背景は，IR人員の力不足などではなく，持っている能力をIRに十分注ぎ込めない組織・体制にあると確信しました。他業務（ここでは，広報業務）との兼任による力の分散が原因だと考えました。時価総額が5千億円を超えるような大型株の企業ならば，IRは専任メンバーが対応しています。一方，中小型株の企業が専任メンバーで対応しているかといえば，たいていの場合は専任ではなく兼任で対応しています。ですからH社が兼任体制でIRに臨んでいたことは，ごく自然なことです。大切なのは，変化すべき瞬間を迎えていることを認識して，これからどうするかということです。

2　IR活動の組織・体制の実態

　中小型株企業の多くは兼任メンバーで対応している，と言っておきながら日本IR協議会のアンケートには興味深い結果があります。2022年1月時点の全株式上場企業3,987社に対する「IR活動の実態調査」で，1,047社からの回答結果です。まず，IR活動の体制についてです。まず，【図表3-11】（データから筆者作成。以下，同様）をご覧ください。

【図表 3 － 11】 IR活動の組織・体制

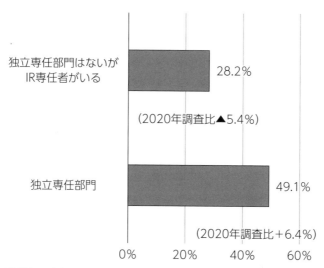

出所：日本IR協議会／IR活動の実態調査（2022年6月）

　IR独立専任部門のある会社が約5割，専任部門はないが専任者のいる会社が約3割，合わせて約8割の会社ではIR専任者がいるとの回答です。独立専任部門があるとの回答が半数を占めていたのには，とても意外感があります。回答した1千社の内訳はわかりませんが，大型株企業が多かったせいかもしれません。

　次いでこの約8割の会社に実際にIRの担当部門はどこか？　と聞いた際の回答が【図表3－12】です。

【図表３−12】IR専任者のいる部門

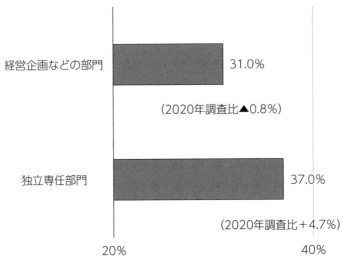

出所：日本IR協議会／IR活動の実態調査（2022年６月）

　独立したIR専任部門が４割弱，経営企画などの部門が約３割となっています。IR専任部門以外でIR専任者を置いている部門にはどんなところがあるのでしょう。これは実に様々あり，どれが正解とは言えません。経営企画系を含めて６つほど以下に挙げています。会社がIR活動を行うようになったきっかけや活動の重点をどこに置くかによって決めていることが多いようです。

①　総務系／株主総会を担当したり，人材採用に関わったりすることなどが理由になります。
②　経営企画系／アンケート結果では，置かれる比率が最も高かった部門です。
③　財務経理系／IRの起点を業績や指標等，数字に置くと財務経理が一番になります。

④　コーポレートコミュニケーション系／広報とのシナジー効果を期待する場合
　です。
⑤　秘書・社長室系／IRが社長直轄の完全独立している場合もあります。
⑥　サステナビリティ系／ここ数年のESG投資隆盛の流れによるものです。

　私自身は前職でのIR担当時，独立専任部門ではありましたが，所属する上
位部門として3つほど経験しています。最初は財務経理部門，次いでコーポ
レートコミュニケーション部門，最後は経営企画部門です。それぞれメリッ
ト・デメリットがありました。財務経理は数字が最速で集まってくることが利
点です。ただ，事業部の現場と距離感のあることが難点でした。コーポレート
コミュニケーションは，マスコミや記者へ数字のニュアンスを丁寧に伝える機
会が得られることが利点です。難点はシナジー効果を発揮できる場は，予想し
ていたより限られていたことです。個人的には経営企画に置かれていた時が一
番，動きやすかったと記憶があります。詳細な数値データに加えて，各部門の
先々の動向に関しての情報が得やすかったことが効いています。

3　H社の選択した組織・体制とは

　会社の現状，目指すべき方向，そして課題を踏まえてH社へ提案をしました。
あるべき姿へ近づくための提案です。その内容は，一言で言えば（広報業務と
の）兼任を維持しながらIRを続けるのか，あるいはIR専任化へ舵を切るのか
というものです。兼任にせよ，専任にせよ，IRをどの部門に置くのかという
点は無視できませんので，それも考慮してツリー化しました（【図表3－13】
参照）。

【図表3－13】兼任維持か，それとも専任化か

IR組織・体制			人員	備考
兼任維持	総務課内		現状3名	IR業務を絞り込み，対応の質を向上
			増員	課内他グループへの影響あり
	総務課から分離		NA	NA
専任化	総務課内		現状3名	現IR業務への対応深化・進化
			増員	課内他グループへの影響あり
	総務課から分離		2～3名	現状3名が異動して対応

　兼任を維持する場合，総務課から分離して他部門へ移管することは人員面から非現実的なのでNAとしました。総務課内に残す場合はどうでしょうか。これには現状対応している3名体制で回す場合と対応者を増員して回す2通りが考えられます。共通するのは，課内の他グループへの影響は避けられないことです。3名で回す場合，優先して考えたことがあります。対応してきた従来業務を絞り込んで（IR業務の）質の向上を実現することです。絞り込みにより外された業務は，他グループで対応することが必要になります。グループを3名から増員するならば，異動者の生じるグループにおける現業務への負荷が増えることになります。

　もう1つの選択肢である専任化を図る場合はどうなるでしょうか。総務課内での専任化と他部門での専任化が考えられます。他部門とは，先に見た経営企画や財務経理になります。この場合，ここから2通りが考えられます。まず，現状3名が異動する場合，総務課内に残る広報業務への対応を考えねばなりません。IR移管先の人員（2～3名）を専任者として新たに対応する場合，業務内容を引き継ぐことに加えて，バイサイド，セルサイドや株式市場関係者との間に関係性を構築しなくてはなりません。この引き継ぎ時間をどう読むかが難しいため現実的ではないでしょう。

　総務課内での専任化はどうでしょうか。専任化する，すなわち広報業務を切り離すわけなので課内の他グループへの影響が生じます。専任化を現3名で図り，IR業務へ絞り込む場合，やはり広報業務を課内他グループで受け入れることが必要です。課内で専任化をして増員もするというのは，他グループへの影響が大きくなるため，非現実的です。

　ここまでくると，兼任維持と専任化のそれぞれにおいて最適と思われる選択肢が見えてきました。兼任であれば，IRを総務課内に残して現状3名が継続対応することです。IR業務の質を上げる必要性があるので，対応業務の絞り込みをしなくてはなりません。絞り込みで外れた業務については総務課内でシェアすることになるでしょう。専任化であれば，こちらも総務課内で現状3名が対応するとして，広報業務を引き継いでもらう必要があります。それさえできれば，広報業務の負荷から解放された3名によってIR対応の質を進化・深化することができるでしょう。

　ここまでの内容を資料にまとめ，3名と取締役CFOに対してオンラインミーティングで提案しました。3名は，「心の底にある（3名の）正直な思いをIRの現状とあるべき姿，そのギャップ（＝課題），そして課題解決の具体案という形で代弁してもらえた」とたいそう喜んでくれました。CFOは，3名のIR対応の負荷が大きくなっていることは重々承知していました。そのうえで今後の方向性について兼任を維持するのか，それとも専任へ舵を切るのか（3名と）いよいよ腰を据えて話をしていくと明言されました。3名とCFO，そして関係者の打ち合わせは緒に就いたばかりです。兼任か専任か，方向性が決まるのはこれからです。1つ言えるのは，どちらへ決まったとしても，課題をオープンにして，フェアに打ち合わせを行ったうえでの決定になります。決定に対しては皆がベスト対応をしてくれるのは間違いのないことであると確信しています。そのお膳立てができた喜びをかみしめた次第です。

　提案を行ってから数か月が経過した2023年9月某日，H社のIR担当から連絡が入りました。「10月1日付で広報IRグループとして現担当の3名が経営企画室に異動することになりました」と。後日，リーダーから異動の背景と今後

の活動にかける思いをうかがいました。

　「（今回の異動で）広報の兼務は続きますが，経営企画室メンバーと業務分担を行います。その中でIR活動の視座を一段上げて，投資家へ経営の考え方をより戦略的に，グローバルに展開する，まさにグループ経営の羅針盤になります！」と力強い決意表明をうかがうことができました。まさに，コンサルタント冥利に尽きるというものです。

コラム4
IR担当者の平均実務経験年数から思うこと

「IR兼任と専任は，どちらがいいのでしょうか」とは，よく尋ねられる質問の1つです。私は「兼任であれ，専任であれ，最終的にはバイサイドやセルサイドがどう感じているかだと思います」と回答しています。IRにとってお客様に相当するバイサイドやセルサイドが現状の対応に十分満足しているのであれば，（兼任か専任かは）問題ではないと思うのです。ただ兼任の場合，「あの会社のIRは片手間になっている」とみなすへそ曲がりな輩がいることは心にとめておいてください（笑）。

「兼任か，専任か」と同じくらい，ひょっとしたらそれ以上に重要なことかもしれないのがIR担当者の平均実務経験年数です。皆さんは（兼任であれ，専任であれ）IR担当になってどれくらい経ちますか。こちらについても先ほど申し上げた日本IR協議会による調査結果（2022年6月）がありますので見てみましょう（【図表3－14】参照）。

【図表3－14】IR担当者の平均実務経験年数

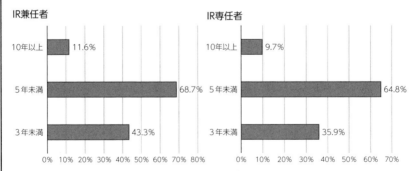

出所：日本IR協議会／IR活動の実態調査（2022年6月）

兼任，専任にかかわらず近しい平均実務経験年数になっていることに気づきます。3年未満だと兼任は43.3％，専任は35.9％です。5年未満だと兼任は

68.7％，専任は64.8％です。10年以上は兼任11.6％，専任9.7％です。どちらも5年未満が圧倒的に多いわけですが，日本企業のジョブローテーションのサイクルに合致しているからに違いありません。残念なことですが，日本企業はまだまだIRを専門職とは見ていないということでしょう。一方，海外ではどうかと言えば，少し古くなりますがBNY MELLON「日本企業におけるIRの実態分析2015」が参考になります。この調査結果と見比べると相違は一目瞭然です（【図表3－15】参照）。

【図表3－15】IR担当部門長のIR実務経験年数

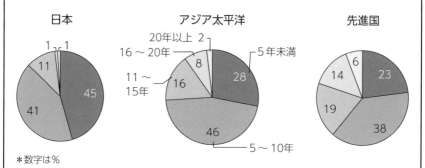

＊数字は％

出所：BNY MELLON／日本企業におけるIRの実態分析2015

　日本とアジア太平洋や先進国と比べての一番の違いは11年以上の経験年数の比率です。日本では，13％にすぎませんが，アジア太平洋では26％，先進国（主に欧米）では39％にも達します。IRを専門職とみなしているからこそ，平均実務経験年数は長くなっているのではないでしょうか。

　IRの実務経験年数が約11年の私自身の経験から申し上げれば，担当開始して3年くらいがたった頃にはひととおりの実務を複数回経験して，全体を俯瞰的に眺めることができるようになっていました。加えてバイサイド・セルサイドや株式市場関係者との独自の関係性も構築できており，一番脂がのってIRに取り組めるようになっていく時期であったと思います。仮にこの時期にジョブローテーションで異動になっていたとしたら不完全燃焼は極まりなく，何ら達成感のないものになっていたはずです。ありがたいことに前職の会社では2000年代には本

人希望を採り入れたキャリアパスの選択ができる人事制度になっていました。私は迷うことなく専門性を極めることでIRプロフェッショナルになるキャリアパスを選択しました。

　話が横道へそれてしまいました。IR担当の実務経験年数は長く，専門職でなければならないと言いたいわけではありません。言いたいことは，そろそろ日本企業もIRを専門性の高い職種と認識して，IRでキャリアを伸ばしたい人材に向けてキャリアパスを用意していく必要があるのではないかということです。これは今までのメンバーシップ型でないジョブ型の人材雇用・育成を前提に組織づくりを導入することにほかならず，何もIRだけに限ったことではありません。先進的な大企業においてジョブ型雇用が始まっているのは心強いと感じます。

　IR実務経験年数の長いベテランがいるとその人材へ頼ってしまい，それこそ属人化が進むのではないかと心配する方がいます。たしかに，IRには一定の経験と知識が求められるので，特定の人物に頼りきってしまうと属人化が進む可能性はあります。しかし，業務の標準化に取り組むことによって属人化は難なく防ぐことができるので，この点での心配は不要です。標準化には一定の時間はどうしても必要ですが，属人化を防ぐだけでなく次に示すような別のメリットも期待できるので，ぜひ取り組むべきと思います。

＊生産性の向上につながる

　標準化することは，業務の内容や手順を見える化して，ボトルネックを解消することにほかなりません。今まで気づいていなかった無駄な手順が明らかになって，業務を効率的に行えるようになります。

＊業務品質の向上につながる

　標準化によって今までベテランや一部の担当者の個人技になっていたスキルやテクニック等を共有することができます。担当者間の業務品質のばらつきが，自然に質の高いほうへ寄せられていきます。

＊異動時のスムーズな引き継ぎ

　標準化によって作業手順書やマニュアルが作成されていれば，異動するIR担当の実務経験年数の長さにかかわらず安心して引き継ぎを行うことができ

ます。後任者へ過大な負担をかけることはなくなるでしょう。

　キャリアパスに関して企業へはジョブ型人材雇用・育成の導入を促すのであれば，個々人へは自分のキャリアを会社任せにしないで自分で作っていくものという強い意志を持ってほしいと思います。次に挙げるような複数のキャリアパスを常に思い描きながら日々のIR業務に邁進してください。

(1)　IRを活かしたキャリアパスには2つの道筋が考えられます。1つは，社内キャリアを形成するための通過点の1つと捉えること。もう1つは，専門職として捉えてIR道を極めていくこと。どちらの道筋を選択しても共通するのは，トップマネジメントでなければできないような会社全体を俯瞰した仕事を経験できることでしょう。

(2)　社内キャリアを形成するための通過点と捉えるならば，ジョブローテーションによる異動時期がやってきた際に前出身部門へ戻るのもよいでしょうし，新たな部門で次の経験を積んでいくこともよいでしょう。

(3)　専門職としてIR道を極めるならば，ここからも道筋は2つです。1つは同一企業内で長期間携わって極めます。この時，どこまでの役職や報酬が期待できるかという社内キャリアパスをよく観察しておくことです。さらに重要なことは，私の経験談になりますが，担当期間が長くなればなるほど自らのモチベーションをどうやって維持するかということです。これが最大・最難関の課題になってくることを覚悟しておくべきです。

　そして，残念ながら社内でIR専門職を目指しても期待する役職や報酬を得ることが難しいのであれば，転職を積極的に検討するのがよいでしょう。幸いにして優秀なIRプロフェッショナルに対する人材ニーズは引く手あまたの状況が続いています。強いて注意点を申し上げるのであれば，くれぐれもジョブホッピングにならないことです。

　コラムの最後に知り合い2名の実際のキャリアパスの例を挙げておきます。IR
に携わることは，あなたのこれからのキャリアパスを考えるうえで，多くの気づ
きや出会いを与えてくれます。与えられた機会を逃さずぜひ活かしきってくださ
い！

同一企業で仕事の幅を広げる機会と捉える

経理・財務部　⇒　海外駐在　⇒　IR／コーポレートコミュニケーション　⇒
コーポレートコミュニケーション部長　⇒　執行役員 経理・財務部長

転職によってIRプロフェッショナルを極める

ファンドマネージャー　⇒　飲食／取締役 IR室長　⇒　小売業／執行役員
IR部長　⇒　金融／執行役員 IR室長

第3 F社の事例
（企業の強みを抽出してIRストーリーへ活かす）

　ここまでコンサルティング・コーチングの事例としてO社とH社を取り上げてきました。具体的には，O社では取材対応PDCAの各プロセスにおいて新たに対応開始した内容とその変化や結果を，H社では取材対応から一歩踏み込んで現状のIR組織・体制が抱える課題に対する処方箋を見てきました。本章で取り上げる最後の事例は，ビジョンメイキングです。ここで申し上げるビジョンメイキングが意味するのは，バイサイドやセルサイドへの訴求点（アピールポイント）の抽出事例と考えてください。コーチングの一般的な目標設定の方法であるビジョンメイキングへ一部アレンジを加えることで，訴求点を明確化することができます。IR担当者へ「御社の強みは何ですか」と尋ねると，6～7つ（中には10個近い）もの強みを挙げる方がいます。実際にそうなのかもしれませんが，真の強みから派生したものまで強みと勘違いされているなどの例も多く見てきました。真の強みとは，会社が生き残ってきた（また，これから生き残っていくための）源泉であり，せいぜい1つか2つ（多くとも3つくらい）に絞りこまれるものです。IRとしてそれを把握することの重要性は，今さら申し上げるまでもないでしょう。

1　ビジョンメイキングは自社の強みを知ることから

　最初にビジョンメイキングの基本の考え方を説明しますので，【図表3－16】をご覧ください。

【図表3−16】ビジョンメイキングの基本

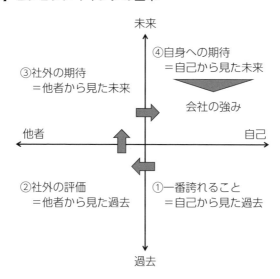

　縦軸が時間軸（上が未来，下が過去），横軸が評価軸（右が自分（自社），左が他者（社外））で，4象限に分けられています。右下（第4象限）①からチェックは始まり，その左隣（第3象限）②へ，そしてその上（第2象限）③へ移動し，最後はその右隣（第1象限）④となります。

　まず第4象限①ですが，これまでの会社に対して思う自己評価について「今まで一番誇れる（IRの）仕事は何ですか」，あるいは「今まで何をしている時が最も充実感を抱きましたか」との問いを発します。未来のことをいきなり尋ねても，頭は真っ白で何も思い浮かばないものです。しかし，過去の体験との比較によって（未来を）あぶり出すように想像することはできます。その初めの一歩の問いです。第3象限②は，社外の評価です。「周囲（主にバイサイドやセルサイド）は過去をどう見ていると思いますか」との質問になります。これによって自己のみならず他者の視点が加味されることになります。第2象限③は「周囲は，会社にどうなってほしいと思っていますか」との問いです。言い換えれば，これは「会社へどのような期待がかけられているでしょうか」と

の質問に違いありません。最後の第1象限④は，①②③をもとに「将来のあり
たい姿をイメージするとどうなっていますか」との質問になります。経験上で
すがこれに対するIR担当の回答は，10人が10人ともほぼほぼ同じようなあり
たい姿の回答（例／適正な企業評価が市場から得られている，時価総額○億円
を達成している等）になります。それゆえ，その回答に対して「では，そのあ
りたい姿を実現するために活かすべき強みは何ですか」と問うのです。それま
でに，過去の自己評価と他者評価，さらには他者の将来期待を予想したうえの
ありたい姿です。それを実現するための強みは何ですか，と問うわけなので挙
がってきた回答はおのずと「これは！」という強みに絞りこまれているもので
す。

　前置きが長くなりました。ここから先は，F社の事例に基づいて進めます。
F社は小売業セクターに属しており，チェーン店を全国展開しています。主幹
事証券会社の系列IR支援会社と契約を締結していましたが，必ずしも満足は
しておらず，私への依頼理由は，現状のIR活動をゼロベースで見直したいと
いうものでした。概況をおうかがいしてまず不思議に思ったのは，企業知名度
の高さや時価総額が1,000億円を優に突破しているだけでなくカバレッジアナ
リストも1社ついているにもかかわらず，年間取材件数は20件程度ととても少
なかったことです。F社は当時，次のような概況でした。

市場　　　　　：プライム
セクター　　　：小売業
時価総額　　　：1,300億円
バリュエーション：PER22倍，PBR2倍
組織・体制　　：2名体制（広報IR部）
取材状況　　　：件数／年間20件前後
　　　　　　　　セルサイド／中堅証券会社1社がアナリストレポートを執筆

　IRをゼロから見直したいとの依頼を受けた時から先ほど説明したコーチングで言うところのビジョンメイキングの手法を使おうと考えていました。その際，IR担当だけでなく，経営幹部へ，さらにはIR関係部門へもヒアリングをしたい旨を伝えたところ，快く受け入れていただき，9名もの方々へヒアリングすることができました。9名のメンバーも，代表取締役社長，専務取締役，取締役，執行役員，広報IR部2名，経理部1名，総務部2名と十分すぎるものでした。お1人お1人と個別にヒアリングを行いました。9名全員へ次の4つをコア質問として必ず尋ね，その回答を膨らませながら話を展開していきました。

第4象限①（自己から見た過去）
今まで関係したIRで一番記憶に残っていること（誇りに思っていること）は何か？
第3象限②（他者から見た過去）
バイサイドやセルサイドからIRをどのように評価されていると思うか？
第2象限③（他者から見た未来）
バイサイドやセルサイドはIRがどうなってほしいと考えていると思うか？
第1象限④（自己から見た未来）
これからのIRのありたい姿はどんなものか，またそれはどのような強みに基づくものか？

2　キーパーソンとのヒアリング

　9名各々の方とのヒアリング内容を要約すると次のようになります。

⑴　代表取締役社長
「会社へ入社して42年になる。定期採用が開始されて一期生として入社した。

記憶に残っていることは，汗をかくことをいとわないで一貫して現場感を大切にしてきたこと。そして，人材育成に心をさいてきたこと。（バイサイドやセルサイドからは）ガバナンスを強化して社内をしっかりまとめていると見られているのではないか。数年前に増配や自社株買いを連続して実施していた頃と比べると，足元では総還元性向が見劣りすると不満を持たれているかもしれない。（バイサイドやセルサイドは）駄目なところへは小手先の修正でなく，すべてを取り替えて対応するくらいの誠意ある対応を望まれているのではないか。本物を追求して，本物を感じてもらえる企業になりたい。それには，現場力，商品力，人材育成の強みをフルに発揮することだろう。」

(2)　専務取締役

　社内№2の専務は，業界では企業再生屋として高名な方です。Ｆ社へ中途入社され5年目を迎えたところです。

　「入社して一番の仕事は，それまで精神論が中心の人材育成へ系統だった手法を取り入れたこと。それにより具体的な目標が立てられるようになった。加えて，人材再生にもつながったと思っている。投資家，特に個人（投資家）は事業の成長力が低いと感じているのではないか。（国内の）未出店地域への出店を望まれるお客様は多いだろうが，主力商品の配送上の制約があるので出店可能ロケーションにはどうしても制限がかかる。経営理念の上位に＜世の中の役に立つ＞を設けた。顧客ピラミッドでは，一番のボリュームゾーンであるボトム層がお客様になることに変化はなく，そこをターゲットとして使命を果たす。強みはＦ社らしさとも言える元気，明るい，活気があること。コロナの世になってリアクション力も強みと気づけた。現場への権限移譲の賜物と思っている。本部が方向性を伝えれば，店舗ごとにそれを咀嚼して迅速な対応を打ち出してくれている。」

(3)　執行役員

　経理・財務部長としてIRを支えてこられました。今後，IRも管掌下に入る

予定です。

　「経理・財務の立場から取締役会をとりまとめてきたことは一番の誇りだと思っている。IR関連では，どんな形で（数値を）社外発表するかを常に中心となって考えてきた。しかし，投資家はIRに消極的で，そのためわかりにくい会社と見ているのではないか。競合と比較して業績数値からは，コロナのダメージが小さい会社と感じているかもしれない。個人のお客様からの苦情やクレームを多くもらうのは，愛されているからこそ，とお客様のことを理解する必要がある。これからやりたい，というかやらねばならないことは，現社長への依存度が高いため，それを分散すること。また，事業の急拡大はできないし，そもそも，するつもりもないが，プライム上場企業としての期待には応えなくてはならない。それには，お客様に愛されていることと社員教育による人材力の強みを活かせばよい。」

⑷　広報IRリーダー

　広報とIRを兼任されていますが，仕事の配分はIRがほぼ100％とのこと。

　「IRに関して一番記憶に残っていることは，東証一部へ指定替えの際，トラブってしまいその対応に追われたこと。20XX年の社長交代も同じくらい記憶にはある。世間ではたしかにサプライズだったと思うが，社内もそれと同様だったため，対応には2倍の労力を要した。バイサイドからもっと距離感の近いIRをしてほしいと言われたことがある。現状の取材件数や情報発信量では，力を注いでいないと思われても仕方がない。投資家から期待されていることの1つは（定性的な中期経営計画を公表しているが，数値は未公表なため）会社が将来的にどうなるのかということを数値で示すこと。今後のIRでは武器（強み）である人材力と商品力を活かした「攻めるIR」へ取り組みたい。また，オンラインもいいが，　Face to Faceを好む人が社内には多いことも人と人をつなぐ意味においては強みと考えている。」

(5) 広報IR担当

　広報IRリーダーのお話から，広報中心に対応されていると思っていたのですが，実際はそうではありませんでした。経理と広報IRを兼任されている状況でした。しかも広報IRよりも経理の比率が高いと言われ，驚いたところからスタートしました。

　「IRに関して強く記憶に残っていることは（上述のような状況であり）正直ほとんどない。投資家からは受け身のIRと思われているはず。IR支援会社経由でIRの方針や戦略がないこと，IRと経営陣のコミュニケーション不足を指摘されたことがある。積極的な情報開示を望まれていると思うが，具体的にこれが聞きたいはず，というのを把握できていない状況でもある。これからはプライム企業として，求められているIRを積極的に果たしたい。英文開示対応は，いまだお寒い限りだが，まず何とかしたいところ。強みである人材を活かす機会にもなるはず。もう1つの強みは商品力だが，この訴求も強化したいもの。」

(6) 経理・財務副部長

　「IRについて「これは！」というくらい強く記憶に残っていることは正直，ない。株主総会では，店舗や商品へのフィードバックをいつもたくさんいただいている。これは会社のファンであるからに違いない。（総会では）株価を上げてほしいと言われることもある。これが，望まれていることと言えるのかもしれない。持続的な活動としてSDGsへ取り組んでほしいとリクエストした株主もいる。経理・財務の視点では，保有している自己株の扱いをどうするか打ち出すべきと思う。今，会社を愛してくれているファンの方が離れてしまわないようにしたい。現場が災害で交通が遮断した際，指示を待つことなく自らの判断で動いて危機を救った仲間もいる。現場力の賜物と思っているが（IRも）自分で考えて動く自律性をもっと出せばよい。」

＊　　＊　　＊

　他3名のヒアリングも上述の6名とほとんど同様の内容になりました。これらを冒頭の時間軸と評価軸の象限図に当てはめます。第4象限は①一番誇れる

こと，第3象限は②社外の評価，第2象限は③社外の期待となります。まずはこの3つに対してヒアリングから得られた内容をいくつかキーワード化して記入してみました（【図表3−17】参照）。

【図表3−17】 F社の強み抽出①

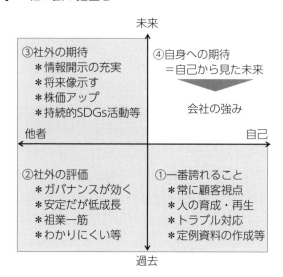

第4象限（①一番誇れること）からは，眼前の業務に対していつも誠実に地道に取り組んできた会社と言えます。小売りという業態からおのずとお客様視点が磨かれ，そして重きが置かれていったと推測します。経営幹部へのヒアリングからは人材の育成や再生にかける並々ならぬ思いが伝わってきました。これはトラブル対応の仕方に成果の一部が現れていると思います。言われて対応するのでなく，指示がある前に自らの考えで動いた（動ける）ことを喜びとしていることはその証でしょう。この後の象限で明らかにしていきますが，一方ではお客様視点が強すぎることに起因する弊害も感じられました。極端な言い方をすれば，まさに会社にとってお客様ではないとみなされる相手が対象のIRはその悪影響を受けていました。しかし，プライム上場企業として，果た

してそのままでよいのかと考える健全な目を持っているのも事実で，では今後
どうしていこうかと，皆さん，お悩みの局面だと察しました。

　第3象限（②社外の評価）に関して，競争の厳しい小売業界において結果を
出し続け，サバイバルしてきたことは社外も大きく評価しているのは間違いあ
りません。現社長のパワフルなリーダーシップは誰の目から見ても明らかです。
このリーダーシップの強さは，ガバナンスの良さにつながっており，バイサイ
ド・セルサイドへ安心感を与えています。これらを9名が感じ取っていたポジ
ティブな評価とすれば，ネガティブな評価は次の2つにまとめられます。1つ
は祖業一筋で安定的だが低成長な会社であること。もう1つは，投資家コミュ
ニケーションが不十分ということ。個人的には後者のほう，すなわちIRを通
じての投資家コミュニケーションを改善向上することにより，前者のネガティ
ブな印象も大きく変えることができると感じました。例えば，F社は成長を加
速するため満を持しての海外展開をアジア近隣から開始しているのですが，そ
れを正しく認識できている投資家はどれほどいるでしょうか。安定志向で冒険
をしない会社に甘んじるつもりは毛頭ないというのに，現状では残念な評価が
勝っているようです（救いは，今回のヒアリングで経営幹部からIR担当まで
投資家のネガティブ評価に気がついていることと言えます）。

　第2象限（③社外の期待）は，第3象限（②社外の評価）をきちんと把握さ
れているからでしょうが，明快に投資家がどうなってほしいと望んでいるかを
理解されています。情報開示の充実は，言い換えればIRと投資家間の双方向
コミュニケーションを実現することです。この象限に挙がっている「将来像を
示す」は，中期経営計画を例にとれば，定性情報に加えて定量（数値）情報を
加えることでしょう。先述の海外展開についても店舗数，売上・利益見通し等，
いくらでも将来像につながる情報はあります。F社は業績の暴れ方（＝乱高
下）が小さくて安定的なことが特長なのですから，明確な将来像を示した情報
開示がタイムリーに発信できれば，「株価アップ」にもつながるはずです。
SDGs活動は，投資家側からすればESG投資につながるものですが，F社に限
らずこれを避けて通ることはできない時代になりました。ESG投資について語

ることが本書の目的ではありませんので多くは申し上げませんが，これについては2ステップでの対応を進言しています（本田健司『イチから作るサステナビリティ部門』（日経BP，2021年）より）。

・ネガティブインパクト抑止

社会に負（マイナス）の影響を与えない，悪いことをしそうにない企業であることを非財務情報として開示していく。これは企業の透明性を示すことにつながる。

・ポジティブインパクト促進

ポジティブインパクトは，社会に正（プラス）の影響を与えるものだが，ネガティブインパクト抑止が一定水準に達して初めて投資家から評価されるもの。SDGs活動を成長戦略へ取り込んだ内容は，この段階で評価されるものと理解する。

　ここまで第4象限（①一番誇れること），第3象限（②社外の評価），第2象限（③社外の期待）の順に見てきました。いよいよ次に第1象限（④自社への期待／強み）についてまとめます。

【図表3-18】 F社の強み抽出②

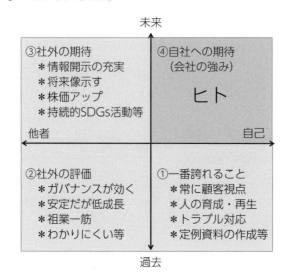

　F社の自社への期待（ありたい姿）は，安定的な成長力の維持と新しい領域への挑戦を両輪とした事業展開を戦略，および数値目標の両面から投資家に理解してもらうことと言えます。そのために活かすべき会社の強みは何かと言えば，ヒト（人材）となります。会社の強みをヒアリングしていくと様々な意見が出てくるものですが，これほど強みがヒト関係に集中する会社も珍しいところです。どんな言葉でそれが表されていたか，たくさんありますができる限り挙げてみます。なお，ヒト関係以外で挙がったものには商品力，開発力等がありました。

> ・現場力
> ・本物を追求する力
> ・人材力
> ・リアクション力
> ・現場への権限移譲
> ・愛され力
> ・社員教育
> ・従業員の力
> ・社員同士の強いつながり
> ・家族的なつながり
> ・面倒見の良さ
> ・自分で考えて動く
> ・自律性　等

　強みがヒト（人材）であることは素晴らしいことに違いありませんが，その伝え方が最も難しい１つであることも違いありません。そのことを率直にお伝えしました。業界でＦ社の人材力はすでに一定の評価を得ていましたので，普通であればそれをどのように社外へ伝えようかと考えるところです。しかし，まず打ち出されたのは，社内に向けての方策でした。具体的には各種研修制度の充実やベースアップを含めた賃上げ，さらには業績貢献に応じた社員に対する加算賞与の支給制度の確立などです。当時は，ヒト（人材）が「人的資本」として今ほど脚光を浴びてはいませんでした。今振り返ってみれば，時代を先取りしたＦ社の一連の方策には凄みを感じざるをえません。このように一呼吸おいて準備万端整ったところで投資家へ丁寧な説明を行いました。これが強烈なインパクトを与えたのは言うまでもありません。手前みそですが，強みがこれ以上ないくらいヒト（人材）に絞り込まれていたからこそ，思い切った方策が社内に向けて打ち出せたのではないでしょうか。最後に最新の有価証券報告書を読むと人的資本への投資を引き続き強化していることがわかります。ザッ

と目についたところだけでも以下のようです。

・e ラーニングの教育充実

・デジタル技術の習得を支援

・賞与の満額回答，加えて加算金を上乗せ

・ベースアップを含めた7％の賃上げ

・女性管理職比率の目標設定

・従業員満足度調査の定期実施

　ヒト（人材）の強みを磨き続けるF社の動向から当分目が離せそうにありません。

あ と が き

　かつて海外IRで米国へ出張した際，取材した機関投資家と読書についての話になりました。その投資家に好きな作家は，マーク・トウェインと言われました。恥ずかしながらこの時まで私は，マーク・トウェインは「トム・ソーヤーの冒険」の著者ということしか知りませんでした。初めて教えてもらったのは，米国で最初の国民的作家と言われるほど人気が高く，小説に限らず数多くの名言を残していることです。例えば「最高のほめ言葉があれば 2 カ月生きられる（I can live for 2 months on a good compliment.）」というのは，今の私の正直な気持ちです。厚かましくもほんのちょっぴりのほめ言葉でもいただけるのであれば，私はマーク・トウェインとは違って 2 カ月どころか，20年は生きられるでしょう（笑）。

　冗談はさておき，ここまでお読みくださり本当にありがとうございました。心よりお礼申し上げます。2022年の秋から丸 1 年かけて本文を書き進めて，今（2023年11月）このあとがきにたどり着きました。執筆中は，日東電工のIR担当時代からディア・マスターズを起業して今日にいたるまでの約20年間を自然と振り返ることになりました。

　20年ほどでいちばんの変化と言えば，コミュニケーションのあり方だと思います。インターネットが完全に普及し定着する以前の職場というのは，組織における意思疎通（特に上から下への関わり合い）が就業時間内は言うまでもなく，就業時間外も含めて極めて濃厚でした。私などは正直，息苦しくて辟易としていたものです。しかし，振り返ればこれが伝えることを生業とするIRを行う上で血肉になっていたと今では確信しています。翻って令和の世は，真逆の意思疎通の取りづらい希薄な関係性の上に成り立っているのではないでしょうか。いまや百花繚乱のコミュニケーションに関するソフトウェアやアプリケーションがそれを証明しています。

　本書では，私のIR実務経験とIRコンサルタントとしての現場での課題解決に裏打ちされたスキルやテクニック（本来ならば職場内で時間をかけて行い，かつそれを反復して習得する必要があるもの）をできる限りわかりやすく説明して，短期間のうちに習得できることを目指しました。上述のようなコミュニケーションのあり方におけるハンディキャップを背負いつつIRに携わっている方（特に20代や30代の若い世代）には効果的にIRの肝である取材業務のハウツーが学べます。AIの進化に伴いIRの仕事はなくなってしまいませんか，と心配する方がいます。私は，少なくともIRにおける最重要業務であるバイサイド・セルサイドとの取材が，AIにとって代わられることはないと考えています。安心して本書内容の実践に取り組んでください。

　最後に，マーク・トウェインの言葉をもう１つ挙げて締めたいと思います。「今から20年後，あなたはやったこと以上にやらなかったことに後悔する（20 years from now, you will be more disappointed by the things you didn't do than by the ones you did.）」。今20代や30代の人が40代，50代になり20年前を振り返った時，この言葉の真実に気づくのでは遅すぎます。あの時どうしてやらなかった（挑戦しなかった）のだろうと自分自身に失望する前に，ほんの一歩でよいから前に踏み出してください。今40代，50代の中堅や管理職の皆さんには，どうか20代や30代の背中を押す役割を果たしてもらえればと思います。

　本書をお読みくださった皆さんは，企業価値を高めるIRを実現するのに必要なスキルやテクニックを既に手にされているのです。次にやらなくてはならないことは，後悔をしないためにも勇気と覚悟を持って行動に移すことにほかなりません。さぁ，最初の一歩を踏み出しましょう！

2023年11月

板倉　正幸

重要用語解説・参照ページ

＜CFO＞　　7頁

　Chief Financial Officerの略。最高財務責任者。

＜ノンディール・ロードショー＞　　8頁

　海外において株式売り出し等の資金調達以外の目的（業績結果・予想や方針・戦略等の説明）で投資家とミーティングを持つこと。

＜取材＞　　9頁

　投資家やアナリストとの対話を通じて企業への理解を深めるためのミーティングを指す。IR担当やCEOが質疑応答により業績結果・予想，製品・サービス，経営方針・戦略，企業文化・DNA等を理解させ，最終的には株式購入や買い増しへ導くことを目的とする。本書での定義づけは21頁を参照。

＜ソブリンウェルスファンド＞　　12頁

　Sovereign Wealth Fundのことで政府が出資する投資ファンドを意味する。天然資源収入，外貨準備金，社会保障積立金等から得られた国の金融資産を運用するファンドのこと。

＜ラージミーティング＞　　16頁

　ラージミーティングは，数十名から数百名の機関投資家やアナリストを対象に行う規模の大きなプレゼンテーションとその後の質疑応答のこと。これに対しスモールミーティングは，1回の取材対応で複数の機関投資家やアナリストへ応ずること。

＜分子標的DDS（Drug Delivery System）＞　　16頁

　特定の分子を標的にしたDrug delivery systemの略で，体内の必要な部位にだけ薬

を集中・効果的に届ける技術のこと（日東電工株式会社のニュースリリースより）。

＜バイサイド・セルサイド＞　20頁

バイサイドは，主に運用会社（＝機関投資家）を意味する。株式を購入（Buy）する側だから。セルサイドは，主に証券会社を意味する。株式を販売（Sell）する側だから。

＜海外IR＞　22頁

経営者やIR担当者が欧米やアジアの機関投資家へ出向いて業績結果・予想や方針・戦略等を中心にディスカッションするミーティングを持つこと。ノンディール・ロードショーとほぼ同じ意味で使われる。

＜バリュー系＞　49頁

バリュー系とは割安株（企業価値等と比較して現状株価が低いと評価される株）に投資する投資家のこと。

＜グロース系＞　49頁

グロース系とは成長株（将来株価が大きく上昇すると期待される株）に投資する投資家のこと。

＜Buy & Holdスタイル＞　53頁

長期保有を前提とした投資手法の1つ。買い持ちともいう。一般的にこの対象となるのは成長期待の高い企業である。

＜EDINET＞　80頁

Electronic Disclosure for Investors' NETworkの略称。金融庁が運営する金融商品取引法に基づく有価証券報告書や大量保有報告書等の開示書類に関する電子開示システムのこと。

＜アクティブファンド＞　　84頁

あらかじめ定めた運用方針に基づいてファンドマネージャー（運用責任者）が投資企業やその投資割合等を決定して運用するファンドのこと。

＜目論見書＞　　92頁

株式や投資信託等の有価証券の募集・売り出しを行う際，投資検討者へその有価証券の内容や発行体等に関する情報を判断材料として説明する書類のこと。

＜ポートフォリオ銘柄＞　　93頁

ポートフォリオ銘柄は，金融・株式業界では投資家が保有する株式銘柄の一覧を意味する。

＜クオンツ＞　　93頁

クオンツとは英語のQuantitative（数量的）から派生した言葉。高度な数学の手法を活かして銘柄選定をしたり，投資戦略を分析したりすること。

＜バリュエーション＞　　93頁

英語のValuationで企業価値評価のこと。現在の株価と本来の企業価値を比較して（株価が）相対的に割安か割高かを判断する代表的な指標には，PBR（Price Book-value Ratio／株価純資産倍率）やPER（Price Earnings Ratio／株価収益率）などがある。

＜テクニカル分析＞　　95頁

過去の株価値動きをチャート化し，そこに表れるトレンドやパターンを理解して，将来の株価値動きを予想する分析手法のこと。

＜パーセプションスタディ＞　　105頁

機関投資家やアナリストが自社（＝IR担当のいる会社）や業界等をどのように認識

しているかを把握すること。

＜セルサイドアナリスト＞　　116頁

　証券会社（＝セルサイド）の調査部等に属し，機関投資家や個人投資家向けに上場企業の企業価値に関する調査・分析を行い，その内容をアナリストレポートの作成などにより公表している。

＜パッシブ（インデックス）ファンド＞　　125頁

　ベンチマークとする株価指数（例：TOPIXや日経平均株価等）にファンドの基準価額が連動するような運用を目指すファンドのこと。

＜アクティビスト＞　　132頁

　株式を一定数取得したうえで経営陣との対話や交渉，株主提案権行使，総会における会社提案議案の否決に向けた委任状勧誘等の株主としての権利を行使して企業に影響力を及ぼそうとする投資家のこと。「物言う投資家」とも言われる。

【著者紹介】

板倉　正幸（いたくら・まさゆき）

ディア・マスターズ株式会社 代表取締役

1985年京セラ株式会社入社。1989年より日東電工株式会社で半導体・液晶関連部材や電子関連材料の海外営業に携わる。7年強の海外駐在中にはフィリピン拠点を立ち上げて，現地法人社長に就任。2006年から営業で培った製品知識を武器にIR担当開始。IRグループ部長として同社退職の2017年2月までの10年間で5,000件の取材をこなす。2016年米Institutional Investor誌のベストIRプロフェッショナルズバイサイド部門3位選出。2017年3月ディア・マスターズを設立。以来1,000社の企業とやりとり。「お任せください！投資家の心をつかむIR」をモットーにクライアントの企業価値向上とIR人材育成に努めている。

投資家をつかむ

IR取材対応のスキルとテクニック

2023年12月25日　第1版第1刷発行

著　者	板　倉　正　幸	
発行者	山　本　　継	
発行所	㈱中央経済社	
発売元	㈱中央経済グループ パブリッシング	

〒101-0051　東京都千代田区神田神保町1-35
電話　03 (3293) 3371 (編集代表)
　　　03 (3293) 3381 (営業代表)
https://www.chuokeizai.co.jp

© 2023
Printed in Japan

印刷／㈱堀内印刷所
製本／㈲井上製本所

会社法施行規則・会社計算規則を完全収録!

「会社法」法令集 第十四版

中央経済社 編　A5判・744頁　定価3,740円(税込)

◉重要条文ミニ解説
◉会社法−省令対応表 ｝付き
◉改正箇所表示

令和4年9月1日までの法令改正を反映した最新版。令和
元年改正会社法の改正箇所を施行日ごとに色分け表記し、
条文理解を助ける「ミニ解説」を加筆。実務必携の一冊!

会社法 法令集 第十四版

改正会社法、会社法施行規則、会社計算規則等の最新法令と、実務に役立つ解説

中央経済社

本書の特徴

◆会社法関連法規を完全収録
☞ 本書は、平成17年7月に公布された「会社法」から同18年2月に公布された3本の法務省令等、会社法に関連するすべての重要な法令を完全収録したものです。

◆改正箇所が一目瞭然!
☞ 令和元年改正会社法の2つの施行日(令和3年3月1日、同4年9月1日)ごとに改正箇所を明示。どの条文がどう変わったか、追加や削除された条文は何かなどが一目でわかります!

◆好評の「ミニ解説」さらに充実!
☞ 令和4年9月1日施行の改正箇所を中心に、重要条文のポイントを簡潔にまとめた「ミニ解説」の加筆・見直しを行いました。改正が実務にどう反映されるかがわかります!

◆引用条文の見出しを表示
☞ 会社法条文中、引用されている条文番号の下に、その条文の見出し(ない場合は適宜工夫)を色刷りで明記しました。条文の相互関係がすぐわかり、理解を助けます。

◆政省令探しは簡単!条文中に番号を明記
☞ 法律条文の該当箇所に、政省令(略称=目次参照)の条文番号を色刷りで表示しました。意外に手間取る政省令探しもこれでラクラク。

中央経済社